AF146280

Wilhelm Bretis

Die Fetzeneddie an der Ankerschnur

Dalmatinische Lovestory

1. Auflage 2015

Bibliografische Information der Deutschen Nationalbibliothek: Die Deutsche Nationalbibliothek verzeichnet diese Publikation in der Deutschen Nationalbibliografie. Detaillierte bibliografische Daten sind im Internet unter http://dnb.d-nb.de abrufbar.

Umschlag- und Buchgestaltung: Wolfgang Hoi

Illustrationen:
Melissa Schähs (Kontakt E-Mail: melissaschaehs@gmx.net)

Herstellung und Verlag: BoD – Books on Demand, Norderstedt, Deutschland

ISBN 9783734763236

Gewidmet der besten Crew aller Zeiten:

- der lieben Gerti, welche mir die vorliegende Lovestory gleich verzeihen muss

- der lieben Inge, welche sich immer bewusst sein möge, dass sie in der Crew unersetzbar ist

- der lieben Maria mit Dankbarkeit, dass sie die an ihr verübten Späße so locker wegsteckt

  und

- dem standhaften Gerald, der sich harmonisch in die Welt der Seehexen eingelebt hat

Inhaltsverzeichnis

VORWORT

Erzählt wird in diesem Bericht die fantastische Geschichte eines Segeltörns, welcher Ende Juni zwischen den südlichen dalmatinischen Inseln tatsächlich stattgefunden hat. Der Skipper[1] berichtet in der dritten Person, um als Erzähler besser die wahren Geschehnisse und seine vielleicht ein wenig geflunkerten Gefühle einem geneigten Leser nahezubringen. Ob sich die Lovestory so abgespielt hat, das möge jeder für sich selbst entscheiden.

Willi, der Skipper, ist ein typischer österreichischer Segler. Vor über zwanzig Jahren, als im Osten der eiserne Vorhang noch fest geschlossen war und im Süden die Volksrepublik Jugoslawien ihre vielen Völker mit eiserner Hand zusammenhielt, kam Willi erstmals an Bord eines Segelschiffes. Es war die „Vreny of Leight" seines Freundes Klaus und er erkannt sofort seine Leidenschaft für diese Lebensart. Willi wuchs in den Bergen Kärntens auf und er sah mit 19 Lebensjahren überhaupt das erste Mal das Meer von der Ferne – trotzdem fühlte er sich auf dem kleinen Schiff sofort pudelwohl. Je mehr es schaukelte, desto mehr begann ihm die Sache zu gefallen. Natürlich war er – wie nahezu sämtliche seiner österreichischen Seglerkollegen – in seiner ersten Woche auf dem Meer ständig furchtbar betrunken und er bekam von der Segeltechnik überhaupt nichts mit. Nur eines war ihm nach diesem Törn klar: Er musste so schnell wie möglich wieder auf ein Schiff.

Im Jahr darauf war es wieder soweit: Diesmal auf einer Charterjacht Elan 33 mit einem Studentenkollegen als Skipper, welcher zwar selbst noch nie am Meer unterwegs war, aber im Gegensatz zum Eigner der Vreni of Leiht immerhin einen A-Schein vorweisen konnte. Die zwei weiteren Mitsegler kannten das Meer ebenfalls lediglich aus ihren Kindertagen oder aus spannenden Seeräuberfilmen. Keiner wusste, wie eine Jacht wirklich funktionierte. Es blieb ihnen nichts anderes übrig, als sich damit auseinanderzusetzen – siehe da nach einer Woche mit dem Wind als ständigen Lehrmeister segelten sie bereits bei Bora über die Kvarner Bucht. Und das, obwohl erfahrene Skipper dringend empfahlen, eine Nacht mit der Überfahrt noch abzuwarten. Aber eine begeisterte Studentenpartie zur Vernunft bringen ist genauso unmöglich, wie wenn ein Sandkorn eine Düne lenken könnte.

Im nächsten Winter trafen sich alle vier Segler in einem Bus nach Zagreb wieder, mit einem Stück Tau zum Knotenüben in der Hand und jede Menge Fragezeichen im Gesicht. Mit ein paar Kilo Kaffee und reichlich Dinar konnten die Fragen der Kommission jedoch hinreichend beantwortet werden und nach einer erfolgreichen Überquerung eines größeren Baches mittels Ruderboot im Beisein eines richtigen Kapitäns konnten die Vier voller Stolz ihre erste Schiffsführerlizenz (Kaffeepatent) entgegennehmen. Noch im Herbst fuhren die Vier als Skipper in einer Flotte und es spielten sich ob ihrer Unerfahrenheit nahezu unglaubliche Geschichten ab. Immerhin gab es keine einzige Situation, in welcher ein Schiff oder gar eine Mannschaft in Gefahr gewesen wäre. „Learning by Doing", würde man heute in geschmeidigem Neudeutsch sagen.

Wieder ein halbes Jahr später, noch lange vor dem Einsatz von GPS Navigationssystemen, überstellte Willi mit seinem Skipperkollegen Franz aus dem Kaffeekurs und dem Neuling Christoph eine neue Segeljacht (Sun Odyssee 42) von Murter (Kroatien) nach Marmaris (Türkei). Nach drei Tagen Kreuzkurs ohne Landsicht, gegen den Schirokko[2] durch die südliche Adria, erreichten sie Otonoi, eine Leuchtturminsel nördlich von Korfu, mit lediglich einer Stunde Verspätung auf die errechnete Ankunftszeit. Das war für die seglerischen „Greenhorns" beachtlich und spricht für eine gute und ernst genommene Navigation. Drei weitere Wochen im stets kräftigen Meltemi[3] kreuz und quer durch die Ägäis machten aus Willi und seinen Kollegen recht passable und seesichere Jachties.

15 Jahre später und nach vielen tausend Seemeilen als Skipper erwarb Willi die österreichischen Sportbootlizenzen mittels zahlreichen Theoriestunden und Prüfungstörn, um damit eventuell auftauchenden Problemen schon vorher den Wind aus den Segeln zu nehmen.

Das Segeln auf hoher See ist viel einfacher und sicherer geworden: Man muss auf modernen Charterjachten bei Sturm und hohen Wellen nicht mehr händisch die Segel bergen oder gar Sturmsegel setzen, sondern durch die jetzt üblichen Rollreffanlagen kann die Segelfläche bequem vom Cockpit aus verändert werden. Genaues Navigieren mittels Kompass, Zirkel und Seekarte wurde durch das elektronische GPS ersetzt, man weiß automatisch seine Position auf wenige Meter genau. Doch gerade diese Arbeit hatte ihren besonderen Reiz. Ein guter Navigator genoss hohes Ansehen, vor allem dann, wenn seine Positionsangaben eine möglichst hohe Trefferquote aufwiesen und der gefundene Hafen tatsächlich mit seinen Behauptungen ident war. Willi dachte oft und gerne an die, in seinen Augen noch „christliche Seefahrt" zurück. Besonders liebte er es, bei Nachtfahrten die Gegend nach Leuchtfeuern abzusuchen, um auf der Uhr die Blinksignale richtig zu deuten und mittels Kreuzpeilungen die eigene Position auf der Seekarte eintragen zu können. Das waren immer wieder spannende Stunden und manchmal, wünscht er sich, die Amerikaner würden endlich ihre GPS-Satelliten wieder ausschalten.

Doch manchmal greift die Natur dramatisch in die kleine Welt eines Segelschiffes ein und dann hilft keine Elektronik mehr. An jenem denkwürdigen 28. August 2003, als in einem furchtbaren Unwetter das halbe Kanaltal zwischen Tarvisio und Udine aussah, als wenn dort der ganze Wald explodiert wäre, ist Willi von Izola in Slowenien nach Lignano gesegelt. Vor Grado begann fast ohne Vorwarnung ein Sturm zu toben und Willi konnte mit geborgenen Segeln in Richtung Kroatien ablaufen. Bei 70 Knoten hatte der Windgeschwindigkeitsmesser seinen Geist aufgegeben. Es war somit ein ausgewachsener Orkan! Nach wenigen Stunden war der Zauber wieder vorbei und der sichere Hafen in Umag erreicht. Andere Jachten hatten nicht so viel Glück, viele gerieten in Seenot und wurden vom Seerettungsdienst geborgen. Einige Jachten wurden vom Sturm sogar an Land geworfen. Das Positive an diesem Erlebnis war, dass Willi die Gewalt eines Orkanes selbst miterleben konnte und dass er nun wusste, welche Entscheidungen in einem solchen Fall zu treffen sind. Er war sich aller möglichen Gefahren auf See bewusst geworden und konnte die Verantwortung für seine Gäste an Bord übernehmen.

Die zweite kritische Situation war ein Ruderschaden um drei Uhr morgens bei starker, auflandiger Bora in der Nähe der Halbinsel Pjeljesac. Eine rettende Bucht konnte mittels Notpinne gerade noch erreicht werden, danach verkeilte sich das Ruder derart, dass ein Steuern der Jacht vollkommen unmöglich wurde. Neben der Rettung des Schiffes war es vor allem der heikle Umgang mit einer, teils schon hysterischen Crew, bei welcher angesichts der Gefahr die Nerven blank lagen. In schwierigen Situationen verstand es Willi aber immer Ruhe und Sicherheit auszustrahlen und die Crew soweit zu beruhigen, dass zumindest von ihr keine Gefahr für das Schiff mehr ausging.

Die schlimmsten Stunden auf See erlebte Willi jedoch mit Crews, in denen sich Beziehungstragödien der fürchterlichsten Art ereigneten und die tiefsten Psychokriege zwischen Paaren ausgetragen wurden. Und das auf dem sehr beengten Raum einer kleinen Jacht, auf der man sich tagelang nicht aus dem Weg gehen kann.

Seit diesen schrecklichen Tagen ist Willi in der Auswahl seiner Crew vorsichtiger geworden. Entweder fährt er mit reinen Männergruppen oder er sucht sich gemischte Crews aus, bei deren Mitgliedern die Freude am Segeln und am harmonischen Zusammenleben mehr zählt als der schnelle, heiße Urlaubsflirt. Liebespaare, krisengeschüttelte Lebensgemeinschaften oder Singles auf dringender Suche sollen mit anderen Skippern fahren.

Willi hat mittlerweile sein Hobby zum Beruf gemacht. Er ist nicht hauptberuflich Skipper für Chartergäste, sondern er hat sich intensiv mit einem Problem von Schiffseignern auseinandergesetzt und macht jetzt ordentliche Matratzen für den Einsatz auf hoher See. Seine Matratzen erfüllen sämtliche Ansprüche an eine gute Schlafunterlage: Sie sind bequem, gefedert, lange haltbar und durch ihre guten Entlüftungseigenschaften ideal für den Einsatz in einer feuchten Umgebung. So hat Willi jetzt ständig mit Jachteignern zu tun, kann auf Messen mit Sportfreunden über die schönen Zeiten auf dem Schiff fachsimpeln und freut sich über die vielen positiven Rückmeldungen von zufriedenen Kunden. Besonders stolz ist er auf ein Mail des Kapitäns der berühmten 88 Meter Luxussegeljacht „Maltese Falcon", in dem dieser sein Produkt mit dem Satz: „we definitely love your mattresses" lobt. Auf der Homepage www.feelthecomfort.at sind Informationen über Willis Matratzen verfügbar.

Eines lässt er sich aber nicht nehmen: Ein paar Mal im Jahr fährt er mit lustigen Chartergästen aufs Meer. Seine bevorzugten Reviere sind Kroatien, Griechenland, Italien und Frankreich. Geld nimmt er dafür keines. Schließlich geht es ihm vor allem darum, selbst seine Nase in den Wind stecken zu können, um eine ordentliche Portion Seeluft zu schnuppern.

Die Crew der vorliegenden Story war handverlesen. Die Unbeschwertheit, die Fröhlichkeit und das grandiose Zusammenspiel unterschiedlichster Charaktere, die trotz einer gewissen Unerfahrenheit auf See doch zu einer passablen Mannschaft wurden, verleiteten Willi dazu dieses Buch zu verfassen. Dass dieser Törnbericht zu einer Lovestory geworden ist, dafür kann Willi nichts. Er ist halt auch nur ein Mensch.

Hauptakteure dieser Geschichte:

Gerti: charismatische Schönheit mit einer
unvergleichlichen Schlagfertigkeit

Inge: wetterfeste Nixe mit unfehlbarer Tendenz
zu einer atemberaubenden Garderobe

Maria: kumpelhafte Grazie ohne Scheu vor
exotischen Badeanzügen

Gerald: verschlossener Kamerad mit Liebe zur
Präsidentschaft

Willi: rundlicher Skipper mit angenehm sonoren
Schnarchtönen

Eddie: bestens gerüstete Chartersegeljacht
(Sun Odyssee 40.3) mit 13 Meter Länge

ODULAK UND OBSTBRANNTWEIN

Unsanft wurde Willi aus den Träumen gerissen. Der Wecker rüttelte wie die Bora in den Wanten. Aber schon bald breitete sich angenehmes Wohlbefinden in ihm aus. Die Vorfreude auf eine Woche Segeln vertrieb die Schatten der Nacht. Benommen tapste er ins Bad, um sich grinsend im Spiegel zu finden. „Rasieren oder nicht rasieren, das ist hier die Frage", schoss es ihm vergnügt durch den Kopf und mit breiterem Grinsen griff er zur Gilette – mit drei Klingen.

Den Seesack hatte er gestern gepackt. Diesmal waren die Leiberln und Hosen gebügelt. Eine selbst auferlegte Hürde, es war doch heuer wieder die unglaubliche Gerti mit in der Crew. Gerti sollte in dieser Woche eine besondere Rolle in Willis Leben übernehmen und das ging eben nur mit Bügelfalten. Willi war sich dessen ganz sicher und er wollte sich keine Blöße geben. Immerhin war er frei, frei wie ein Vogel. Er selbst ist bereits seit mehreren Jahren geschieden und die in der Zwischenzeit „passierten" Verhältnisse waren wegen der ihm oft fehlenden Ernsthaftigkeit nichts Ernstes. Willi machte sich quer durch die Küche stolpernd darüber früh morgens noch keine Gedanken. Sein ganzes Interesse galt jetzt der Kaffeemaschine und deren köstlichen Saft. Dann der Griff zum Handy – er musste die Crew wecken. „Willkommen in der unglaublichsten Woche der christlichen Seefahrt", morste er an alle per SMS, noch nicht ahnend, dass diese für ihn persönlich tatsächlich außergewöhnlich werden würde.

Gerti lernte er durch seine langjährige Busenfreundin Maria kennen und verliebte sich sofort ein wenig in sie. Ein wenig, nicht soviel, dass ihm dieses Verliebtsein nicht zum sonst üblichen Verhängnis wurde. Irgendeinen besonderen Draht hatte er in den ersten Sekunden ihrer Bekanntschaft zu ihr gefunden. Sobald Gerti in seine Nähe kam, ging es ihm besser. Seine Stimmung stieg, seine Aura veränderte sich und er fühlte sich wie ein übermütiger Junge. Manchmal tat sie ihm fast leid, weil er das Gefühl hatte, ihre Kraft anzuzapfen und damit seine eigenen Batterien aufzuladen. Aber Gerti hatte offenbar genug Energie und ihn bereitwillig daran saugen lassen. Das einzigartig Schöne an Willis Beziehung zu Gerti war, dass sie nach einem Treffen niemals eine Leere hinterließ, sondern nur das dankbare und warme Gefühl, einem wirklich wichtigen Menschen begegnet zu sein. Gerti konnte davon nichts wissen, er hatte es ihr nie gesagt.

Nicht, dass er gefürchtet hätte, sie dadurch zu verlieren. Er wollte sie nie besitzen oder was auch immer darunter gemeint sein könnte. Er war halt, in den wenigen Momenten ihres Zusammenseins, in sie verliebt und er freute sich darüber. War sie nicht da, verschwendete er keinen Gedanken an sie. Manchmal wunderte ihn diese Art der Beziehung, manchmal freute er sich und manchmal ärgerte er sich darüber, an dieser Situation nichts ändern zu wollen. Niemals könnte er sich jedoch vorstellen, mit Gerti eine reale Beziehung zu wollen, dafür waren sie zu grundverschieden. Darin war er sich ganz sicher.

Gerti nahm in seinem Leben einen besonderen Platz ein. Sie war wie eine saftige Sachertorte, von der man immer nur kleine Stücke isst. Wohlschmeckend, verführerisch, herrlich duftend. Willi war sich bewusst, die ganze Torte würde ihm zu schwer im Magen liegen. Deshalb hatte er es nie angestrebt, mehr als geschmackvolle Kostproben von dieser Delikatesse zu erhaschen. Und nun lag mit der bevorstehenden Woche wieder eine verlockende Schnitte vor ihm und er hatte sich vorgenommen, jeden Brösel auf der Zunge zergehen zu lassen.

Auf der Fahrt zum Treffpunkt gingen ihm Erinnerungen an den letztjährigen Törn[4] durch den Kopf. Eine Nacht in der, von der damaligen Crew selbst so getauften Bucht „Sveti Maria[5]" auf Mljet, war ihm besonders präsent. Dort hatten ein feines Abendessen, noch feinere Cocktails und die aus Inges Tasche hervorgezauberten Schwimmkerzen aus verschiedensten Charakteren eine homogene Crew[6] geformt. Eine Homogenität, die mit reichlich Gin jeden zu verbalen und in weiterer Folge auch trinkerischen Höchstleistung getrieben hatte. Willi wollte heuer dort unbedingt wieder hin und versuchen, den Zauber des Ortes nochmals einzufangen. Ihm war klar, das schafft er und so bog er bereits innerlich schmunzelnd ums Eck, wo sich die Mannschaft zur Abfahrt treffen würde. Gerti wartete dort schon. „Is eh klor, dass olle oundern z´pät kummen", kam es in einem absichtlich breiten, weststeirischen Dialekt aus Gertis noch etwas verschlafendem, zerknittertem Gesicht. Willi wusste sofort, sie ist genau so, wie er sie mag und er freute sich noch mehr auf die Reise. Genüsslich half er ihr, die Kisten mit Proviant und Getränken aus ihrem Keller zu tragen, während sie permanent gähnend über Unpünktlichkeit referierte, wohl wissend, dass sie als Treffpunktwohnende als Letzte aus der Kiste musste. Aber irgendwie duftete sie immer noch nach Bett und mit weit geöffneten Nasenflügeln schnupperte Willi um sie herum.

Wenige Minuten nach der verabredeten Startzeit, um sechs Uhr, waren alle da – Inge (eine bildhübsche Mittvierzigerin mit dem Wesen einer kampferprobten Elfe), Maria (Willis enge Vertraute seit den gemeinsamen Mittelschultagen) und Gerald (ein Kärntner Geschäftspartner von Willi und einziger Newcomer in der Crew). Die Crew war komplett. Paletten von Puntigamer (blaues Cola[7]), Wein in angenehmen Mengen, ausreichend Gin, Wasser- und Mineralwasserflaschen (viel zu viele, wie sich später herausstellen sollte) sowie tonnenweise Proviant wurden in Willis Auto verladen.

„Wo ist denn noch Platz für mein Beautycase?", fragte Maria und schwenkte einen halben Kubikmeter in Hartschale hinter dem bereits völlig überfüllten VW Sharan. „Wenn der nicht mehr reingeht, können wir mit zwei Autos fahren?", fragte sie so bestimmt, als ob man bei einem Ausrüstungsschiff einer Arktisexpedition des späten 19. Jahrhunderts am Schluss keinen Platz mehr für die Schlittenhunde hätte.

Willi hatte aber, nach mühseligem Aus- und Einräumen selbst für Marias Schönheitsbehelfe einen Platz in seinem Gefährt gefunden und mit einem ordentlich tiefer gelegtem Auto begann endlich die Reise. „An der nächsten Ampel rechts einordnen", tönte Tom-Tom[8] mit Gertis Stimme – sie war also auf Empfang geschaltet und nach 100 Metern richtiger Fahrtroute kam die erste Abweichung. Allerdings nur bis zum nächsten Bankomat, Gerti reist ausschließlich mit prall gefüllter Brieftasche.

Nach einer Stunde Fahrt auf Ausweichstrecken, um dem im Juni bereits überaus heftigen Urlaubsverkehr etwas zu entkommen, erreichte Willi mit seiner wertvollen Fracht die Stadt Ptuj, ehemals Pettau in Slowenien. Obwohl Tom-Tom bereits kurz nach der Grenze aufgrund völliger Ortsunkenntnis seinen Betrieb einstellen musste. Trotzdem, Gertis Stimme mischte sich auch ohne Tom-Tom-Empfang sonor in die schier endlosen Requiem von Inge und Maria über die Erlebnisse der vergangenen Tage und Wochen. Ausführlich und detailgetreu wurde auf den Rücksitzen über Bürogeschichten, Politik, Umwelt, Beziehungskisten … Willi hatte aufgehört, sich um die Zusammenhänge zu kümmern und selbst Gerald saß wie ein stummer Smiley im Beifahrersitz. „Blaues Cola?", fragte er, und Willi wusste, das war die Antwort auf das von hinten kommende Geschnatter.

Da die Blase einer Frau offenbar maximal die Größe des Tränensackes einer Lachmöwe hat, wurde in Ptuj, einer wunderschönen Stadt mit altösterreichischem Flair und frischem, jugendlichen slowenischem Leben, die Reise erstmals unterbrochen und ein Café gesucht. Nach köstlichem Espresso, serviert von einer obenherum wahrlich imposanten Kellnerin und deshalb leichtsinnigerweise auch generös bezahlt aus Geralds Privatschatulle, trat Willi mit wesentlich entspannteren Gesichtern im Rückspiegel wieder aufs Gas. Ein blaues Cola hatte erfreulicherweise beim Zwischenstopp den Weg aus der Kühlbox in seinen Getränkehalter gefunden. Dort war die Verweildauer kurz.

Langsam gingen im Fond die Themen aus und Willi hatte das Gefühl, dass auch bei den Damen der Urlaub anbricht. Seine in der vergangenen Woche aufgeschaukelten Firmenprobleme hatte er innerlich bereits abgeschaltet, sie waren mit TomTom mittlerweile außerhalb des Empfangsbereiches. Willi war froh, damit offenbar noch etwas mit Gerti gemeinsam zu haben.

Zu Mittag wurden alle im Auto hungrig wie die Wölfe. Ein Blick auf die sonst so hübschen Damen im Rückspiegel vermittelte Willi daher eher das Bild von zähnefletschenden Hyänen im Angesicht eines saftigen Zebras. Gottlob luden die Restaurants in der Gegend von Plitvice mit aufgespießten Schweinen in überdimensionalen Grillhäusern neben der Straße zum Essen ein. Willi erinnerte sich wohlig an den Geschmack dieser saftigen Odolaks, den berühmten Spanferkeln. Also pries er die Köstlichkeit in höchsten Tönen und kurz darauf, Gerti musste zwar eindringlich dazu überredet werden, saßen alle vor vollen Tellern. Das kredenzte Odolak wird wohl ein gesundes Tier gewesen sein – sonst wäre es mit Sicherheit nicht so alt geworden. Die dazu gereichten Salate schmeckten hervorragend, Tomaten und Kraut dufteten herrlich sonnengereift und ein streunender Hund freute sich über ordentliche Portionen vom Odolak freuen. Um den gröbsten Hunger zu stillen, langte es allemal, und nachdem gleichfalls der Preis der Qualität entsprechend niedrig war, konnte die Fahrt ohne Ärgernis fortgesetzt werden.

Durch dieses, völlig unbedankt dahingeschiedene Odolak bekam Gerti die Gelegenheit, mit ihrer wahrlich weisen Voraussicht der Dinge zu glänzen – sie packte zur hellen Freude der Restcrew einen beachtlich breitwandigen Flachmann mit selbst gebranntem Obstschnaps aus. Ohne einen kräftigen Schluck aus diesem Medizinbeutel wäre der Urlaubsantritt möglicherweise unangenehm verlaufen. Wieder war Willi froh. „Gerti ist schon wirklich was ganz Besonderes", sagte er stolz zu sich und fuhr fidel die steilen Kurven des Velebitgebirges hinunter.

Die letzten Kilometer von Zadar nach Trogir setzte sich Gerald ans Steuer. Es war weniger die Müdigkeit, die Willi zur Übergabe des Autoschlüssels gedrängt hat, vielmehr war es die Sorge, dass kein Schluck mehr aus Gertis Flachmann für ihn übrig blieb. Immerhin hatte er – um sein Gesicht nicht zu verlieren – zusätzlich zu seiner Portion noch die Hälfte von Gertis Teller vertilgt. Dazu sah er im Rückspiegel die Köpfe von Inge und Maria sich ständig nach hinten neigen, den glucksenden Flachmann zwischen den Lippen. Die Zwei wurden immer lustiger und begannen den armen Gerald zu necken. Schließlich kannten sie ihn noch nicht und es ist ein offensichtlicher Frauensport, bohrende Fragen zu stellen – vor allem wenn ein Schnaps die Kehle geölt hat. Gerald saß gelassen am Steuer und konnte nicht aus der Reserve gelockt werden. „Wenns wissen wollts, warum i ka Freundin hab, dann wartets a Jahr ab. So lang brauchens normalerweise, um draufzukommen, welch hochgradiger Trottel ich bin." Mit dieser nicht ganz zufriedenstellenden Erklärung wurde das Thema gewechselt. Jetzt ging es wieder um schwule Politiker und die in diesem Fall recht praktische globale Erwärmung.

Gerti hatte Willi den letzten kleinen Schluck aus dem Flachmann gerettet. „Das wird wohl ein untrügliches Zeichen ihrer Zuneigung sein", dachte er sich. Sein Stimmungshoch erreichte Rekordwerte. Wie auch die Außentemperatur. Die Klimaanlage des Sharan verbrauchte mehr Diesel als der Motor.

Die Übernahme der Segeljacht „Eddie" in Kastela (eine Marina[9] zwischen Trogir und Split) ging rasch über die Bühne und in Windeseile war der Proviant, die Getränke und die Seesäcke (inklusive Beautycase) auf die Eddie verfrachtet. Die Eddie war eine Sun Odyssee 40.3 aus der französischen Werft Janneau, gebucht wurde sie über eine oststeirische Charterfirma, mit der Willi langjährige und positive Erfahrungen hatte. Da Inge als Beauftragte für die kulinarischen Feinheiten das für das Bordleben benötigte Gemüse vor Ort kaufen wollte, fuhr Willi mit ihr in einen Supermarkt. Er selbst benötigte eine Schirmmütze, einerseits um seine Glatze nicht in der Sonne zu verbrennen (Gerti als Rot-Kreuz-Beauftragte hatte trotz eindeutigem Auftrag des Skippers beim Einkauf die Brandsalbe vergessen, Willi würde ihr das aber öffentlich nie vorwerfen), andererseits um den Verlust seiner Sonnenbrille vor zwei Tagen im Wörthersee zu kompensieren. Er hatte sich nämlich extra für den Törn eine sau teure Rayban gekauft, da er hoffte, damit sein, zugegebenermaßen nicht makelloses Outfit etwas aufzupeppen. „Macht nichts", sagte er sich, „musst halt versuchen, bei Gerti durch andere Gesten Eindruck zu schinden." Willi konnte sich immer gut über Katastrophen drüberretten. Sein ganzes Leben ist er von einer Katastrophe in die nächste geschlittert, immer wieder hatte er es geschafft, in jedem Tiefschlag noch einen Nutzen zu erkennen.

Also dachte er sich jetzt: „Ohne Sonnenbrille sehe ich die Welt wenigstens im richtigen Licht." „Bitte frag eine Verkäuferin wegen der Mütze", bat er Inge, selber suchen war nicht seine Stärke. Er schaute sich in der Zwischenzeit in der Fleischabteilung halbe Ochsenhälften an und sah vor seinem inneren Auge, wie eine solche auf der unteren Saling[10] aufgehängt baumeln würde. Da Inge aber weniger kroatisch konnte wie ein Pinguin fliegen, beleidigte sie sofort eine Verkäuferin, indem sie ihr mit beiden Händen den Vogel zeigte. „Ich hab ihr ja nur die Schirmmütze mit Handzeichen gedeutet", erklärte sie Willi, „aber die haben da offensichtlich keine Mützen und obendrein ist die Verkäuferin furchtbar unfreundlich. Sie hat den Kopf geschüttelt und ist verschwunden". Was soll´s, dachte sich Willi, er blickte um die nächste Ecke und suchte sich aus einem vierstöckigen Regal mit Schirmmützen eine Blaue aus.

Eddie war bestens gerüstet: die Getränke im Kühlschrank, die Taschen verstaut. Inges weitsichtige und mit ihrer bereits langjährigen Jachterfahrung ausgesuchten Einkäufe ließen beim Einräumen auf eine Gourmetwoche schließen. Um eventuelle ungebetene Gäste abzuwehren – andere Gründe für ein solch seltsames Handeln fielen der Restcrew nicht ein – hatte Maria bei einem österreichischen Billiganbieter „Basislebensmittel" eingekauft. Somit konnte sich die Crew darüber hinaus über unzählige, vakuumverpackte Speckseiten, Bohnendosen, zentnerweise Teigwaren und Krainerwürsteln freuen. Maria macht es sich halt gerne einfach. Willi wusste das und konnte damit umgehen.

Die Kojenaufteilung war schnell getroffen, Inge und Gerti suchten sich – der Skipper hatte diesbezüglich leider keinen Wunsch frei – die Backbordkabine[11] aus, Maria die Steuer-Steuerbordkabine[12]. Neben ihrem Beautycase hätte sowieso kein Zweiter mehr Platz zum Schlafen. Im Vorschiff fanden sich die Taschen von Gerald und Willi wieder. Willi wusste, dass er in dieser Woche nicht hier schlafen würde. Zeit seines Seglerlebens suchte er sich einen Schlafplatz möglichst an Deck: Erstens wegen der frischen Luft und zweitens konnte er von dort seine dezenten Schlafnebengeräusche einem viel breiteren Publikum zugänglich machen.

BLAUES COLA MIT HERZKLOPFEN

Willi ist keinesfalls ein Skipper, der gerne in übervollen, hitzigen Marinas herumhängt und dort auf bessere Zeiten wartet. Deshalb hatte er bei der Törnvorbereitung – ein Treffen ist sich immerhin ausgegangen – davon geschwärmt, gleich nach der Schiffsübernahme auszulaufen und den Wind über das Ziel entscheiden zu lassen. Da sogar Gerti keine Einwände hatte, wurden um 18.30 Uhr die Leinen losgeworfen und, die Eddie aus ihrer Box manövriert. Leise schnurrte der Motor in den engen Radien der Marina bis Willi vor der Hafeneinfahrt die Drehzahl auf 2000 Touren erhöhte. Die Sonne richtete sich zum Untergehen her und ihre letzten warmen Strahlen animierten die Damen an Bord zu einem kurzen Sonnenbad und ein Augenblick der Ruhe kehrte ein. Jeder hing ein wenig seinen Gedanken nach, Erinnerungen an längst vergangene Törns wurden wach und alle schauten stumm auf das erhebende Szenario. Inge, die erfahrene Seglerin, fing sich am schnellsten: „War das jetzt nicht ein Manöver?" „Wart ab, unter Segel schmeckt der erste Manöverschluck noch besser", antworte Willi und Gerald zog sich als sportliches Vorbild die Segelhandschuhe über.

Ein leichter Mistral aus Nordwest ermöglichte das Setzen der Vollbesegelung und unter der Crew breitete sich satte Zufriedenheit aus. Eddie richtete ihren Bug in Richtung Sonnenuntergang und Willi orderte vergnügt den ersten Rotwein. Poseidon, Neptun, Äolus, die vereinigten kroatischen Seehexen und alle weiteren, für Wind und Wetter verantwortlichen, wurden mit einem Schluck aus der Flasche bedacht und um eine gute Fahrt gebeten. Mit vier bis fünf Knoten Fahrt passierte Eddie die Ausfahrt der Bucht Kastela. Immer mehr Lichter erhellten das Ufer, wie die großartige Skyline von Split. Willi war glücklich. Gerti stand wie ein unschuldiges

Sterntalermädchen im weißen Kleid am Bug des Schiffes und hatte ihm soeben einen tiefen Blick zugeworfen. Was wollte er mehr, ein Schiff, eine Crew, Wind, Zeit und Gerti – die ihm für eine Woche nirgendwohin davonrennen konnte. „Blaues Cola?", Geralds Frage holte Willi aus den Gedanken. Aber nur ein wenig.

Kurz vor Brac wurde die Entscheidung für das Tagesziel Hvar getroffen. Zwar hatte sich der Mistral ausgeblasen, aber Eddie hatte einen 42 PS Diesel im Talon und mit diesem fuhr sie blubbernd Richtung Westen. Inge und Maria blickten romantisch auf den Halbmond. Inges Gedanken an ihren Freund Wolfi waren förmlich mitlesbar. Maria dachte ebenfalls an was. Sicher an nichts Bestimmtes dachte sich Willi. „Blaues Cola?", fragte Gerald. Willi nickte. Er würde sich von romantischen Stimmungen nicht die Freude am Trinken nehmen lassen, das hatte er sich fest vorgenommen.

Außerdem hatte Gerti bereits zweimal herzhaft gegähnt und zuletzt noch „i geh liegn, kennts eh noch dobleibn solong´s wollts" gesagt. Sie sah nicht, wie Willi – denn solch kurze, klare Sätze von ihr im breiten Weststeirisch, wie die spitzen Pfeile Amors durchbohrten – sich hinter dem Steuerrad vor Freude wand. „Vorm Schlafengehen zeig ich dir aber noch was Schönes", sagte, er zu ihr, seinen ganzen Mut zusammennehmend. „Der Stern dort oben ist die Venus und dort im Norden ist der Polarstern". Gertis Augen leuchteten und Willi war froh, dass sie nicht weiterfragte. Er hätte ihr ohne schwindeln zu müssen nur noch den Mond und den großen Wagen zeigen können.

Aber er hätte für Gerti auch jedes einzelne Sternzeichen mit allen dazugehörigen kosmischen Zusammenhängen gefunden. Auf seine eigene Art halt. Für Inge und Maria ebenso, aber für sie wären die Deutungen gewisser planetarer Konstellationen sicher etwas anders ausgefallen. Allerdings hatte sich Willi vorgenommen, zumindest Inge nicht zu offensichtlich anzuschwindeln. Wenn das von dieser Crew jemand sofort merken würde, dann sie. Maria wiederum würde ihm auch glauben, dass der Orion nach einem antiken Erotikversand benannt wurde.

Nach Gerti verschwand auch Inge in der Kabine und nur noch Maria, Gerald und Willi saßen in der Plicht und erzählten sich Schwänke von vergangenen Zeiten. Vor allem Maria konnte herrliche Geschichten erzählen, war sie doch immer im Mittelpunkt irgendwelcher Katastrophen gewesen, welche zum Großteil ihren Ursprung in Willis Ideenreichtum hatten. Die Drei lachten Tränen, zum Beispiel über eine Geschichte, die sich in der gemeinsamen Studentenzeit von Willi und Maria in Graz zugetragen hatte, als sie in einer Wohngemeinschaft zusammenlebten. Die beiden gingen nächtens durch den Stadtpark heim und, fanden unter einem exotisch anmutenden Baum herabgefallene Hülsen mit Samen. Maria nahm einige mit nach Hause und pflanzte die Samen voll freudiger Erwartung in einem großen Blumentopf ein. Und tatsächlich, wegen der vortrefflichen Pflege ging nach zwei, drei Tagen eine Pflanze auf, die sich erstaunlich schnell entwickelte. Maria lud alle ihre Freunde und Bekannten ein, um den so schön wachsenden Baum herzuzeigen. Selbst ihre Eltern bewunderten den mittlerweile einen halben Meter hohen Trieb. Es kam ihr nicht komisch vor, dass alle Besucher sich bei ihren Vorführungen grinsend wegdrehen mussten. Irgendwann kam der Tag der Wahrheit: Eine Biologin besucht Willi. „Sieht aus wie eine Kartoffelpflanze", sagte sie zu Maria, der in Folge das Drama bewusst wurde. Natürlich hatte Willi nach der Pflanzung noch in derselben Nacht einen Erdapfel in den Blumentopf gesteckt und dann überall herumerzählt, was der Grund für das Wunder von Marias Baum war.

Die ursprünglich gesetzten Bäume sind mit der Zeit auch aufgegangen, wurden von Maria als Unkraut definiert und ausgezupft. Nach ein paar Tagen Schmollen und einigen Schachteln Pralinen war der Frieden wieder hergestellt. Mittlerweile erfreut sich auch Maria an der Geschichte und Gerald lachte so laut, dass die in ihrem Schönheitsschlaf dadurch gestörte Inge

anfing, aus der Achterkabine durch das offene Luk zu schimpfen und in erreichbare Beine zu zwicken. „Is denn bold a Ruah
auf die billigen Plätz!" Gerti konnte auch kein Auge zutun.

Zwischen Sveti Klement und dem Westteil der Insel Hvar
hindurch wurde der Schiffsverkehr dichter. Fischer fuhren
hinaus aufs Meer und Ausflugsschiffe brachten die Urlauber zurück in ihre Quartiere. Vor der Einfahrt in den Hafen tauchte die große, beleuchtete Burg auf, die über der
farbenprächtigen Stadt mit ihren vielen Bars und Restaurants wacht. Das Hafenbecken selbst war voll mit ankernden
Jachten aller Größen, vom Achtmeterschiff bis zur 50 Meter Luxusjacht war alles vertreten und emsig fuhren kleine
Tender die Menschen zwischen Stadt und Schiffen hin und
her. „Da geht's ja zu wie in an Bienenstock", kommentierte
Maria. „Unglaublich, grad war es am Meer noch so ruhig".

Um Mitternacht fiel vor malerischer Kulisse und zwischen
den vielen anderen Schiffen vor der Hafenpromenade der
Anker. Ein langer Tag war zu Ende. Etwas schweigsam
lauschten Maria, Gerald und Willi der leider lästigen Disco-
musik aus dem Hafen. Sanft schaukelnd wiegte sich Eddie auf
den Wellen, erlösende Müdigkeit legte sich auf die Augenli-
der. „Blaues Cola?" Gerald wusste zu jeder Zeit, das Richtige
zu fragen.

FETZENEDDIES UNRÜHMLICHE TAUFE

Das erste Frühstück an Bord lies erahnen, welchen Weitblick Inge in die Umsetzung ihrer Einkaufsliste legte. Bis hin zur Honigtube, welche Gerald anfangs zum allgemeinen Gaudium mit der Sonnenmilch verwechselt und auf den Arm drückte, war einfach alles vorhanden, was ein ausgehungerter Seglermagen verlangte. Allerdings schaukelte Eddie recht fleißig. Die Teller und Tassen rutschten am Tisch hin und her wie harngeplagte Ministranten hinterm Pfarrer. „De Umarutscherei konn oba gor nix" bemerkte Gerti und fragte sich gleichzeitig, woher das Strahlen aus Willis Augen plötzlich kam. Maria, deren Sinn fürs Einfach-Praktische manchmal unschlagbar war, hatte dann den rettenden Einfall mit der Küchenrolle als Tischdecke. Darauf standen alle Sachen fast wie festgeschraubt und Willi nahm sich leise vor, dieses Patent bei seinem nächsten Törn als eigene Idee zu verkaufen.

Als ein Skipper, der seine Mitsegler gern selbst über Tagesabläufe entscheiden lässt, ließ Willi nach dem Frühstück über den weiteren Plan abstimmen. Die Crew konnte wählen zwischen einem herrlichen Tag auf See, unterwegs in Richtung Lastovo oder in der aufkeimenden Mittagshitze in der stickigen Stadt Hvar herumbrüten. Erstaunlicherweise fiel die Wahl auf sofortiges Auslaufen. Vielleicht deshalb, weil Willi noch vor der Abstimmung lautstark die Vorzüge eines Bades auf offener See gepriesen hatte. Eine gut gekühlte Flasche Dom Perigon erfreute die Crewkehlen nach dem Auslaufen. „A guata Prosecco schmeckt ma bessa", Gertis Ansage berührte schon wieder Willis Herz.

„Brrrrrrbrrrrbrt[13]." Das kann nur heißen: „Willi rette mich, wenn der böse Hai kommt". Willi verstand sofort und ließ kein Auge mehr von der schwimmenden Aphrodite aus Bad Gams. Ein Hai hätte jetzt die halbe Eddie fressen können, ohne dass es ihm aufgefallen wäre, aber selbst der kleinste Schatten in der Nähe von ihr hätte ihn in einen Kamikaze verwandelt. Während Gerti ihr „Brrrbrrrbrt" wie ein Wiener Fiaker beim vorsichtigen Abstieg von der Badeleiter übers Meer erschallen lies, fielen die anderen, Maria, Inge und Gerald wie reife Birnen von der Reling[14]. Herrlich warm war das Wasser, 26,3 Grad zeigte die Anzeige. Brrrbrrrbrt kann also nur ein Hilferuf sein. Willi war sich ab diesem Zeitpunkt ganz sicher.

Wie eine überdimensionale, schwimmende Wäschespinne trat Eddie die Weiterreise an. Die Mädels hatten sie entlang der ganzen Reling mit ihren badefeuchten Wäschestücken und Handtüchern behängt. Geralds kritischer Blick in die Richtung der wehenden Badeanzüge wurde von Willi richtig interpretiert: „Wir fahren eben mit der Fetzeneddie und nicht mit einem Schulschiff[15]". Gerald verstand und beruhigte sich umgehend mit einem blauen Cola. Einer Schule[16] Delfine, die vor der Eddie vorbeizog, war deren Aussehen scheinbar aber nicht egal. Sie ignorierten das Segelschiff demonstrativ, obwohl darauf fünf sich gegenseitig überschreiende Beobachter gebärdeten, als ob jeder einzelne jedem anderen auf der Eddie eine unglaubliche Begegnung der dritten Art melden müsste.

Da der Wind in Kroatien Sonntag am Vormittag frei hat, musste Eddies Diesel herhalten. „A Salot wär jetzt a Wahnsinn", näselte Gerti mit der Stimme Graf Bobbys. „Koun den kana irgendwos tuan, dass i zu an gschmackign Salot kum, muaß i denn ois sölba mochn auf dem Schinaggl do?" „Braucht jo nur wer a poor Plotschn woschn und a bissl ane Gurkn schobn", sagte Graf Rudi mit Willis Stimme und schon entbrannte ein Näseldialog, wie dies Peter Alexander und Gunther Philip nicht besser hätten können. „Champagner is ja immerhin a guata Anfang – oba die Floschn is leer. Skippy tua wos!" Inge gefiel sich in der Frechgörenrolle. „Wie schaut denn das Programm weiter aus – wors des jetzt schon?" „Nojo" näselte auch Maria mit. „von de Männer do is kulinarisch gor nix zu erwarten. I glab, sölba müss ma wos mochn. Geh Inge, wo host denn die Oliven vasteckt?" Gerald schaute kopfschüttelnd nach hinten übers Meer – „wo bin ich da nur gelandet?"

Inge erklärte sich trotz Mittagshitze kurzerhand bereit, der Crew den mühevoll ausgenäselten Salat aufzuwarten und verschwand mit Maria und Gerti in der Kombüse[17]. „Blaues Cola?", diesmal war Willi der erste Fragende. Wohlwollendes und irgendwie erleichtertes Nicken bekam er dankbar zur Antwort. Herrlich frisch perlte das Kondenswasser an der kühlen Bierdose ab, pffft – offen war sie und erfrischend rann der Saft in die Kehlen. „Oh Herr, lass uns jeden Tag so leiden", sagte Gerald und vergaß die Relingwäsche, welche wie die Segel der Black Pearl im Fahrtwind flatterten. Was nun aus der Kombüse ins Cockpit[18] hochkam, war der Auftakt zu einer Salatserie, welche sich wie ein roter Faden durch den Törn zog. Inges Salate, jeweils in der Mittagshitze gereicht, wurden zum absoluten Kult. Hervorragendes Gemüse aus der jeweiligen Gegend, Gurken – die zwar in der Eddie anfangs länger gesucht werden mussten bis sie unter hemmungslosen Gelächter und unmöglichen Kommentaren in Marias Kabine gefunden wurden – Kraut, Tomaten und vieles mehr. Hoch sei Inge gepriesen! Hosianna! Willi hatte sich kurzzeitig sogar überlegt, sich auch noch schnell in sie zu verlieben. Immerhin war sie ja selbst ein knackigerer Anblick als ihre Salate, aber dann erinnerte er sich an ihren Wolfiblick vom Vortag und gab dieses Vorhaben wieder auf. Außerdem, neben Gerti konnte doch niemand anders Platz in seinem Herzen haben. Er schämte ein wenig für diesen Gedanken, unbemerkt von den anderen.

Da blaues Cola auf eine solche kulinarische Spitzenleistung nicht wirklich passt, haben sich diesmal Willi und Gerald in die Kombüse zurückgezogen. Jetzt war ihre Stunde da: mitgebrachte Cocktailgläser heraus, Ingredienzien gemixt, Limonenscheibe drauf, Lamettaschirmchen und Fruchtröhrchen hinein. Verdammt! Zuckerrand am Glas vergessen. „Das würden sie eh nicht mehr verkraften", meinte Gerald und Willi suchte sich das Ananasröhrchen für Gerti aus. Wie für sich selbst. Würde ihr das auffallen? Fazit: Innerhalb von drei Minuten hatten die Grazien mit einem Romantikschleier vor Augen die Gläser leergeschlürft und nachgeschenkt. Die Mädels an Bord hielten jetzt ihre starken Männer für die Creme de la Creme unter den Bordromantiksegelmännern.

Leicht ölig von der literweise verschmierten Sonnenmilch lief Eddie – Fetzen natürlich rechtzeitig geborgen - mit seiner ebenfalls schon leicht öligen Crew in einer Westbucht in Lastovo ein. Umringt von einer wunderschönen Landschaft, kristallklarem Wasser und strahlender Sonne rief Gerti Willi schon wieder zu Hilfe: „Brrrrbrrrrbrt! Brrrbrrrrbrt!". Und

Willi war sofort zur Stelle - niemandem fiel es auf. Was soll´s. Da er nach dem Schwimmen wieder ein leichtes Ziehen in der Magengegend verspürte, begann er von den Vorzügen richtig zubereiteter Nudeln al dente zu reden, von einer gewürzschwangeren Pasta und wie wichtig warme Mahlzeiten für eine stets gut gelaunte und einsatzbereite Crew sind. Im Handumdrehen hatten alle Heißhunger auf Spaghetti, sogar Maria wurde rührenderweise – und zwar nicht nur zum Kosten - an den Töpfen gesehen. „Es ist Sonntag und da denkt Maria auch noch an andere Menschen", verriet Willi der darüber staunenden Restcrew. „Der fundamentale Sozialismus, dem sie seit frühesten Kindheitstagen kompromisslos verfallen ist, hat eben auch seine christlichen Seiten." Bewundernd schaute ihn Maria an, sie selbst hatte sich noch nie in diesem Licht gesehen.

„Der Willi kennt mi besser wie i mi selber", sagte sie erfreut über diese neue Erkenntnis und begann emsig Teller nach oben zu reichen. Das Essen schmeckte herrlich, auch der Rotwein dazu war angenehm temperiert und dekandiert. Das Leben an Bord wurde immer besser. Zur Belohnung stellten sich Gerald und Willi anschließend an den Gasherd und verfeinerten Palatschinkenteig mit blauem Cola. Eine neue Geschmacksnuance, die selbst von den kritischen Damen durchaus gelobt wurde. Bier statt Milch in die Omeletten – nachmachen erlaubt!

Sveti Maria war jetzt in Reichweite und zog Eddie magisch an. Wind war aufgekommen und Willi wollte Gerti unbedingt zeigen, welch gute Figur er auch ohne Sonnenbrille lässig hinter dem Steuerrad stehend machen kann. Nach zwei langen Stunden in Pose, ständig den Bauch eingezogen und die Brust gebläht - gab er auf halben Weg nach Mljet endlich auf. Gerti, Maria und Inge schauten sich während der Segelfahrt nur furchtbare Schundhefterln mit Waschbrettbauchmännern in weißen Badehosen an und waren voll Lob für diese Muskelbarracudas. Blaues Cola half Willi als Seelentröster nicht mehr, also übergab er das Ruder an Gerald, sagte „Ankern in Sv. Maria" und ging unter Deck. Hinter dem Tisch kauernd las er die Bedienungsanleitung vom Funkgerät, eine andere Bordlektüre interessierte ihn nicht.

EINE BUCHT MIT GESCHICHTE

Erst das Platschen des Ankers und der Zauber der Bucht konnten Willi wieder aus der Versenkung holen. Umrahmt von dichten Wäldern, ohne Hotels oder sonstige Gebäude, liegt die Bucht da wie ein verzauberter Alpensee. Wäre nicht das laute Zirpen der Zikaden, welches wie ein permanenter Geräuschpegel über dem Wasser liegt. Nur drei weitere Jachten hatten den Weg in diese weitläufige, von den Festlandmarinas aber doch sehr entfernte, Bucht gefunden und schaukelten neben Eddie einträchtig in der Abendsonne. Gemächlich zogen große Schwärme von kleinen Fischen um die Jacht, als ob sie sich zur Begrüßung etwas Futter erwarteten und genauso gemächlich äugten ein paar Möven vom Himmel, um dann die Gefütterten futtern zu können. „Am Ende der Nahrungskette ist es irgendwie doch am Schönsten", folgerte Willi und machte sich Gedanken darüber, wie schnell Stimmungen an Bord wechseln können. Grad noch stinksauer auf die Hexen schwänzelte er nun in Gertis Duftspur herum, um möglichst viel von ihren Signalaromen einzuschnuppern. Wie himmlisch können Frauen duften, wenn man in sie verliebt ist. Gerti musste Willis Aufnahme der Witterung instinktiv fühlen und sie duftete gleich noch ein wenig berauschender. „San wir fertig oder is noch irgendwo wos zu tun?" fragte sie Gerald nachdem dieser den Motor abgestellt hatte. „Brav Mädels!" bedankte er sich, „erstklassiges Manöver. Ihr seid ja wirklich ein super Team!"

Da es etwas später war und sozialer Sonntag ging Maria nicht zuerst ins Wasser, sondern direkt in die Kombüse. Dörrpflaumen wurden in Speckmäntel gehüllt, Pfannen aufgestellt, Champignons geschnitten – Geklapper und Betriebsamkeit allerorten. Gerald war rundum zufrieden, hatte Willi ihn allein in die Bucht navigieren und den Platz für die Nacht suchen lassen. „Mein erstes selbstständiges Ankermanöver", freut er sich und stellte die obligate Frage. Natürlich, ja! Blaues Cola ist ein hervorragender Auftakt eines jeden romantischen Dinners auf See.

Bald wurden Teller, Schüsseln, Besteck und Servietten aus der Tiefe gereicht und der Cockpittisch war schnell festlich gedeckt. Diesmal wurde außerdem der leckere Zuckerrand auf den Cocktailgläsern nicht vergessen und um das Romantikdinner gänzlich perfekt zu machen, wurde die mitgebrachte Kerze Marke „Ruhe sanft" im roten Glas entzündet.

Im aufgehenden Mondschein wurden als Vorspeise die gebratenen Zwetschken im Speck und als Hauptspeise Cannelloni mit frischen Champignons aufgetragen. Die Cocktails – Gerti und Willi hatten die Orangenröhrchen – mundeten und sanfte Musik aus Gertis umfangreicher CD-Sammlung taten ihr Übriges. Es war die Nacht der Nächte. Als späten Höhepunkt holten Gerald und Willi meterlange Wunderkerzen aus Eddies Bauch und entzündeten diese, nachdem sie auf die Heckreling geklettert waren, um nicht die brennenden Sternspritzer auf dem GFK zu haben. Die Überraschung gelang: Mit offenen Mündern lauschten die Grazien dem „La Paloma", welches Gerald und Willi einstudiert hatten und gesanglich über die Bucht trugen. Es passte einfach alles, versteckt hinter dem Bimini zeigte Gerald Willi den erhobenen Daumen und schmunzelnd zeigte dieser zurück. Die, durch die einfache Idee der Wunderkerzen entstandene Romantik vibrierte förmlich und selbst die sonst so geschwätzigen Mädels hielten inne. Für einen kurzen Moment schien Eddie aus der Realität zu segeln und die Welt war für alle im schönsten Licht. Auf einmal waren vier fragende Augenpaare auf Willi gerichtet, es sollte wohl eine Rede werden. Also sprach er von der besten Crew aller Zeiten, wie schön und lustig es ist, mit so angenehmen Grazien zu segeln und vom Zauber von Sveti

Maria. Und gerade er, der immer nur Faxen im Kopf zu haben scheint, gerade er hatte plötzlich das Gefühl, dass jedes Wort direkt aus seinem Herzen über seine Lippen kommt – und er war soweit, sich das selbst zu glauben. Ehrlicher konnte dieser Willi wirklich nicht sein und er war hinterher froh, in seiner Ansprache nicht auf einzelne Crewmitglieder eingegangen zu sein.

Es reichte ihm völlig, mit seiner Offenbarung an die Crew Gerti mit eingebaut zu wissen. Und mit Orangenröhrchen danach mit ihr anzustoßen. „Wow", bemerkte Inge, „jetzt ist das Vorjahr doch getoppt worden." Damals hatte Inge für die Romantiküberraschung gesorgt, als sie Schwimmkerzen ausgesetzt hat und diese die halbe Nacht brennend ums Schiff schwammen. Anstrengend wurde diese Idee jedoch, als klar wurde, dass solange wach geblieben werden musste, bis die letzte Kerze ausgegangen war. Man wollte doch keine Waldbrände verursachen. Und diese „Schwimmkerzenwacht" hatte es wahrlich in sich: Kein Lufthauch war zu spüren und erst gegen Morgen ging der letzten Kerze das Wachs aus.

„Perhaps, perhaps, quizás", tönte es aus dem CD-Player weit durch die Bucht, Andrea Bocelli und Ella Fitzgerald besorgten den Rest. Nichts wurde ausgelassen. Die Ginvorräte gingen zurück wie der Okawango in der Trockenzeit und irgendwann, erst spät nach Mitternacht, löste sich der Spuk auf. Wie das Haus der berühmten Waltons[19] lag Eddie in der weiten Bucht von Sveti Maria. „Gute Nacht John Boy", hörte Willi Gertis Stimme rufen, „gute Nacht Großvater" kam es aus einer anderen Ecke des Schiffes zurück. „Ich hab euch lieb", flüsterte Willi und nacheinander gingen die Lichter aus. Aus der Vorschiffskabine war noch Geralds lautes Bedauern zu hören, dass er die zweite Nacht so schrecklich einsam da vorne liegen muss. Jedoch wurden seine vielleicht etwas zu humoristisch vorgetragenen – Balzrufe nicht nur nicht erhört, sondern mit schmählichem Gelächter aus allen Teilen der Eddie quittiert.

„Heut schnarche ich einmal nicht", versprach sich Willi und sank müde auf die Cockpitbank. Der Zauber der Nacht war verflogen und Willi sägte rasch mit den Zikaden um die Wette.

„Brrrrbrrrrbrt!", Willi tat es wirklich leid, dass er schon munter war. Eigentlich würde auch er gerne so geweckt werden. 30 andere Personen in der Bucht hatten sicher dieses Vergnügen und er war wirklich jedem Einzelnen darum neidig. Also suchte er sich eine ablenkende Tätigkeit und sein Blick fiel auf die vielen schmutzig herumstehenden Teller und Gläser. Schnell war Gerald als Partner gefunden – ein Skipper tut sich in solchen Angelegenheiten mit autoritärer Motivationstechnik etwas leichter – und der sicherlich größte Abwasch des Törns konnte beginnen.

Anfangs ging es ja noch leicht, jedoch Inges Champignonsoße musste sich über Nacht in den Töpfen mit Industriekleber vermischt haben. Nach einer Stunde schrubben – auch Marias Speckmäntel hatten sich tief ins Aluminium eingebrannt – war es endlich soweit. Schiff klar zum Auslaufen. Schnell ein blaues Cola – doch wie vom Donner gerührt bleiben Gerald und Willi wie angewurzelt stehen. Im unglaublichsten, einem schier unvorstellbaren Gelb eines rüscherlumrandeten Badeanzuges prangte Maria plötzlich vor dem Mast und winkte fröhlich nach hinten.

„Ich tu heut einmal nichts", flötete sie und wandte ihren Blick wieder der Ferne zu. Montagmorgen! Beamtin! Die restlichen vier selbstständigen Unternehmer sahen sich gegenseitig an und homerisches Gelächter schallte plötzlich übers Meer. Tränen wischend wurde der Anker geborgen und Eddie schob sich mit Volldampf aus der Bucht. Maria war sich nicht wirklich sicher, warum gerade über diese Ansage so gelacht wurde. Im Magistrat Graz wird am Montagmorgen nicht gescherzt.

Als beim Auslaufen alle im Cockpit zusammensaßen, schaute Inge Gerti ganz vorwurfsvoll an. „Heute Nacht musste ich dich pausenlos treten, weil ich durch deine Schnarcherei immer wieder munter geworden bin!" Gerti schaute drein wie vom Großbaum gestreift. „Was? Ich hab dich immerzu geschüttelt, weil du so laut warst! Du solltest zum Arzt, aber noch heute." „Ihr habt das auch gehört, ich weiß, das war der Willi." Maria schreckte vor keinem Verrat zurück. „Der ist doch im Cockpit über uns gelegen und hat derart gesägt, dass die Zikaden die Inselseite gewechselt haben, weil sie sich hier gegenseitig nicht mehr gehört haben!" „Deswegen hast du mich auch geschüttelt, obwohl ich munter war?", sagte Gerti zur Inge. Sie hatte somit das der Rätsel der letzten Nacht gelöst.

Willi hingegen kam es momentan sehr gelegen, dass sich das Wetter immer mehr verschlechterte. „Blaues Cola?" Aber Gerald hatte erstmalig keine Lust dafür.

Eddie Cocktail (absolutes Geheimrezept):

- hohes, schlankes Cocktailglas mit Lamettaschirm, Zuckerrand und Fruchtröhrchen
- Ein ordentlicher Schuss Gin
- Tonicwater oder Schweppes
- Aperol, weniger ordentlich aber ausreichend
- Chardonnay nach belieben
- Limettenscheibe, ev. Olive am Lamettaschirmfuß

OSSIACHER SCHWIMMSTIL

Da dem Poseidon in diesem Jahr das in Sveti Maria so groß-
zügige Opfer, welches ihm Gerti hier letztes Jahr mitter-
nächtlich dargebracht hatte, diesmal abging, begann er im
Mljetski Kanal zu rütteln und zu schütteln. Schnell mussten
die Segel verkleinert werden und Eddie beschleunigte trotzdem auf über acht Knoten, laut GPS[20] sogar auf 9 ½. Segeln
wie im Bilderbuch. Das neue Ziel Cavtat südlich von Dubrovnik wurde allerdings schnell geändert, da Äolus genau aus
dieser Richtung seinen Windsack geöffnet hatte. So kreuzte
Eddie flott hin und her. Gertis Gesicht wurde immer länger,
je steiler sich Eddie unter dem Winddruck auf die Seite neig-
te. Selbst Inge, die Wettererprobte, beobachtete kritisch die
Vorgänge um sie herum. Maria, die beschlossen hatte, an
diesem Tag nichts zu tun, fürchtete sich auch nicht und vertraute Willi vollständig. „Ich könnte an der Situation sowieso
nichts ändern", erklärte sie kurzerhand und ergab sich wieder
dem süßen Nichtstun.

Willi war in seinem Element: Erstens konnte der Wind super
von der Schnarchgeschichte ablenken und zweitens war es
sein Hobby eine Jacht sportlich zu segeln. Gerald hatte zwar
die Segelhandschuhe an, machte aber trotzdem nicht den
Eindruck, als wolle er dem Teufel ein Ohr absegeln. Seine
Gesichtsfarbe näherte sich der einer tief verschneiten Win-
terlandschaft. „Setzt Sonnenbrillen auf, wenn ihr den Gerald
anschaut", empfahl Willi den Damen. „Sonst werdet´s noch
schneeblind."

Poseidon wollte unbedingt sein Opfer und schließlich gab
Gerald nach. Irgendwo in Lee musste ein gewisser Ullrich
wohnen. Aber weit weg, Gerald schrie laut nach ihm aber
gekommen ist trotzdem keiner. „Willi, du bist a derartiger

Trottl, manchmol frag i mi schon, ob´s mitsegeln, heuer a guate Idee wor!" Gerti fand Willis Beschreibung der Situation offenbar nicht so witzig, heute war nur Maria für Scherze offen.

Nach dem lautstarken Opfergang ließ der Wind sofort nach und die Wellen beruhigten sich. Trotzdem musste die arme Eddie in Lee von Mljet nach Südosten tuckern, kreuzen wollte von der Crew jetzt keiner mehr. Willi schlug vor, in einer kleinen Bucht auf der Strecke eine Rast einzulegen und Inge in der Salatschüssel rühren zu lassen. Für diese weise Entscheidung wäre Gerti dem Willi jetzt wieder vor Dankbarkeit fast um den Hals gefallen. Leider halt nur fast. Linear mit der Höhe der Not steigt offenbar auch der Zuneigungsgrad und wird dieser ins Negative sprunghaft, wenn dumme Scherze als dritte Variable eingebracht werden. Willi sah sich bereits lehrmeisterlich an der Tafel vor großem Auditorium um die Gertiorethik als so lange unentdecktes Naturgesetz der Wissenschaft zuzuführen. „Dagegen ist die Relativitätstheorie ein Lärcherlschaß", hörte er die Professoren in den hinteren Reihen sich gegenseitig zuraunen. „Pass auf, die Felsen kommen immer näher!" Inge hatte recht, während des Landfalls sollte ein Skipper keinen Nobelpreis entgegennehmen.

Die ausgesuchte Bucht war wunderschön, mit einer vorgelagerten Insel hervorragend vor Wind und Wellen geschützt und mit praktischen Ankerbojen[21] eines am Ufer liegenden Restaurants ausgestattet. Waren draußen noch heftige Windböen spürbar und das Wetter grau in grau, tat sich in der Bucht ein sonnenüberfluteter See auf, über den seltene und vor allem viel sanftere Windstöße hinwegstreichelten. „Wow, do is es schön", Gerti strahlte Willi glücklich an. „Gö, do fohr ma net so schöll wieder aussi." Inge angelte mit dem Enterhaken vom Bug aus eine Boje, band einen wunderschönen Palstek ein – Eddie hing fest am Seil. Der rasch zusammengeschnittene Salat war wieder sensationell und zudem machte der Rest der Crew Magistratsdienst. Da für Maria das an Bord liegen bereits zu viel Arbeit war, tauchte sie ihren kleschgelben Badeanzug mit sich selbst als Inhalt in die Fluten und war bald aus den Augen verschwunden.

An der nächsten Ankerboje hing eine Sun Odyssee 46 DS, eine Männercrew spielte Karten im Cockpit und rekelte sich nackt am Vorschiff. Willi beobachtete, wie Maria langsam darauf zutrieb. „Hoffentlich harpunieren sie sie nicht!", sagte er ängstlich. „Es könnte ja sein, dass sie die Maria mit einem riesigen Zitronenfisch verwechseln und sie rauspiken. Dann kommen sie dabei drauf, dass sie zu groß für ihre Pfannen ist, und werfen sie wieder zurück ins Wasser". „Und das Meer schwappt über", ergänzte Gerti und wieder ertönte das homerische Gelächter[22]. „Mei, seid's ihr gemein", sagte Inge, „i trau mich nicht mehr ins Wasser, wenn ihr alle zuschauts. Wer weiß, was dann über mich geunkt wird." „Tja, wer weiß?", sagte Gerald schmunzelnd zu ihr. Mit dem ersten blauen Cola hat er offenbar auch ein wenig rote Gesichtsfarbe mitgetrunken. „Über die Inge und mi könnt's eh kane blödn Witz reiß'n", sagte Gerti zu den Männern. Diese schüttelten jedoch die Köpfe wie die Grazer Stadtbettler, denen man ehrliche Arbeit anbietet.

Maria hatte von all dem nichts mitbekommen und schwamm wie gelbes Treibholz weiter. Manchmal sah man zwar eine kleine Schwimmbewegung, aber hauptsächlich diente ihr Aufenthalt in den Fluten dazu, die nähere und die fernere Umgebung zu betrachten. „Maria ist eine Mischung aus einem altehrwürdigen k.u.k. Hofrat und einer Mönchsrobbe", erklärte Willi, der sie am längsten von allen kannte. „Sie ist nicht nur am, sondern fast im Ossiachersee aufgewachsen und hat Schwimmhäute zwischen den Zehen. Sie kann daher hervorragend und mit beispielloser Ausdauer an Land und im Wasser Nichtstun. Daheim am See ist sie schon so bekannt, dass regloses Treiben im Wasser nach ihr als ‚Ossiacher Schwimmstil' benannt wurde. Wettkämpfe über hundert Meter in dieser Sportart dauern oft mehrere Tage, verlieren tut der, welcher als Erster über die Ziellinie treibt." Wieder war Maria der Grund für herzhaftes Gelächter, wieder hatte sie keine Ahnung.

Immerhin hatte Maria beim Vorbeitreiben an einer Auskunftsperson erfahren, wie sich die Öffnungszeiten des Restaurants gestalten und dass man dort ein Abendessen vorbestellen muss. Da die Bucht wirklich schön und darüber hinaus Gerti vehement dafür war, war die demokratische Abstimmung über wieder Auslaufen oder eine Nacht dableiben wieder einstimmig ausgegangen. Außerdem hatten die Cocktailgläser Zuckerrand und außer Gerald, der noch bauchbeleidigt lustlos an einem blauen Cola lutschte, tanzte die gesamte Crew ihre im letzten Jahr einstudierten, rhythmischen Swingtänze. Da Maria dabei wichtiges Schiffsinventar ins Meer beförderte und es mit ihrem montäglichen Dolce Vita nicht vereinbaren konnte, dieses wieder herauszufischen, sprang Willi kurzerhand zur Bergung der hölzernen Wäscheklammer in die Fluten und schwamm anschließend ans Ufer, um das Restaurant zu erkunden. Im liebevoll gestalteten, selbst gebauten Holzgrill vermutete er sogleich die hohe Qualität des Lokales und bestellte bei der hocherfreuten Wirtin für 20 Uhr einen Tisch und Fische für alle, wofür er sofort auf einen Travorica eingeladen wurde. Um trocken an Land zu kommen, bot sich der Wirt an, die Crew mit seinem Schlauchboot um acht von der Eddie abzuholen und nach dem Essen wieder heimzubringen.

Diese Nachricht löste an Bord sogleich freudiges Erwarten aus und die Tänze gingen weiter. Mittlerweile wurden von allen Seiten die Ferngläser auf die Eddie gerichtet und vielleicht sah sogar jemand aus der Ferne das Knistern, wenn Gerti und Willi mit ihren Hüften im heißen Rhythmus aneinanderklatschten.

Kurz vor 20 Uhr war die Crew vollständig an Deck versammelt. Gerald kam aus dem Staunen nicht mehr heraus, ob der himmlisch duftenden und herausgeputzten Damen und bemerkte anerkennend zu Willi: „Astreine Ware!" Willi antwortete in tiefster Überzeugung: „Absolut vom Feinsten", und ging sich gleich noch mal umziehen. Die übliche Frage nach dem blauen Cola blieb aus, allerdings hatte der Wirt bereits von seiner Pier[23] abgelegt, um die Crew der Eddie in sein Lokal zu schippern. Es wurde wieder ein herrlicher Abend, alles war perfekt. Der Fisch, der Salat, das Sorbetto, der Wein, der Belinkovac. Und Inge hatte gelernt, dass Oleander – Willi bezeichnete in Kroatien die gesamte Flora so – Stacheln und Palmwedel haben können. Da die Damen wirklich ein Augenschmaus waren, mussten Willi und Gerald den geifernden Männern auf den Nachbartischen ständig böse Blicke zuwerfen und lästige Fragen mit der nötigen Unfreundlichkeit im Keim ersticken.

Allerdings, Gertis Dekolleté war beinahe so tief wie Inges Rock hoch und Willi war sehr stolz darauf, solche Prachtmädels beschützen zu dürfen. Auch Maria musste einen Inselfriseur gefunden haben, ihre Lockenpracht umrandete lieblich das fröhliche, sommersprossige Gesicht und ihre beachtliche Oberweite zog die Männerblicke auf sich wie Blut die Haie anlockt. Trotz der reizschwangeren Stimmung kam der Spaß nicht zu kurz, die Mädels waren in Höchstform. Da bei jedem Gang ein anderer zerzauster Kellner mit dem Essen kam, vermutete Willi, dass in der Küche darum gerauft wurde, wer denn als nächster mit den Tellern ins Paradies durfte.

Die heftigste Lachsalve des Abends wurde aber vom Nachbartisch ausgelöst, wo eine recht betrunkene Crew aus Österreich am Feiern war. Einer von ihnen hörte von „Sveti Maria", der von der Crew so getauften Bucht, reden. Und er fragte quer über die Tische: „Woher kennts ihr denn mei Schwägerin? Des is a Wahnsinn, die kennen die Sweti Maria". Zurück an Bord, diesmal mit einem Buschen Oleander und Rosmarin (auch eine Oleanderart) war es wieder an der Zeit, die Wunderkerzen anzuzünden. Und die auf der Gasthofterrasse sitzenden Gäste staunten sicher nicht schlecht, als sie vom Restaurant aus die sprühenden Sternspritzer sahen und – keinen anderen Liedtext konnten Willi und Gerald gemeinsam auswendig - „Stille Nacht" hörten. Willi war selbst überrascht von so viel Kreativität seinerseits, da aber Gerald mit Inbrunst mitsang und Gerti strahlte wie der Leuchtturm von Alexandria war er mit sich und der Welt zufrieden. „Gute Nacht John Boy!" Gute Nacht, oh du süße Verführung!

„Brrrrbrrrrbrt!!!!", geschafft! Der Hilferuf hatte Willi geweckt und er ist sofort an die Reling gesprungen, um nach seinem Herzblatt Ausschau zu halten. Diesmal aber nicht wegen der Haie, sondern weil er wusste, dass Maria am Vortag mit der Wäscheklammer auch ein Bikinioberteil[24] von ihr versenkt hatte und er hoffte, dass sie jetzt nur den Restteil anhatte. „Brrrbrrrbrt!" Schade.

Ab in die Kombüse und Spiegeleier braten. Schließlich hatte die Crew bereits seit Stunden nichts Vernünftiges mehr zu Essen gehabt.

DIE UNMÖGLICHE 24-STUNDEN-REGEL

Draußen im Mljetski Kanal das gleiche Bild wie am Vortag: Wind aus Südost, Stärke 20 bis 25 Knoten. Also, warum nicht nach Nordwest segeln. Dort lag die Stadt Korcula, ein lohnendes Ziel, welches Willi insgeheim mit Gerti für einen romantischen Landgang nutzen wollte. Es sollte jedoch ganz anders kommen.

Mit der Genua[25] als Zugpferd und dem Autopiloten als Kurshalter zog Eddie seinen Weg durch die Fluten. Anders als gestern auf der Kreuz[26] war der Kurs angenehm, abgesehen vom Schütteln, der von achtern[27] heranrollenden See. Bald hatte jeder einen gemütlichen Platz an Deck gefunden und hing seinen Gedanken nach. Irgendwann haben sich alle im Gastgarten – Marias Ausdruck für die Plicht[28] – eingefunden und jeder erzählte ins Blaue, ein paar Anekdoten aus seinem Leben. Bis auf Gerald, er ließ sich trotz intensiver Befragung durch Maria keine für die Damen interessante Geschichte entlocken. Inge, der das Werben von Willi um die Gerti seltsamerweise nicht verborgen geblieben ist, hatte plötzlich die Idee, von einer Regel bei Beziehungsanbahnungen zu berichten. Demnach brauchen Frauen 24 Stunden im Minimum Vorbereitungszeit, in welcher nichts Störendes passieren darf, um sich einem Mann hinzugeben, bei Männern sollen es lediglich drei Minuten sein.

Somit wären es seit dem Morgen für Willi bereits zehn Stunden, in denen er nicht frech, nicht beleidigend, nicht demütigend, nicht fordernd und nicht gemein zur Gerti war. Also, noch 14 Stunden makellos nett sein. Eine Herausforderung. Geralds Einwand, dass es sich vielleicht um 24 Minuten und drei Sekunden handeln könnte, ließ Inge nicht gelten und Maria referierte in der Folge kilometerlange psychologische

Abhandlungen über dieses erschöpfende Thema. Aber Willi war nicht mehr bei der Sache. Seine drei Minuten machten ihm keine Sorgen, die hatte Gerti schon vor Jahren verbraucht. Er war bereit. Nur noch 14 Stunden!

Korcula kam langsam aus dem Dunst und Eddie gurgelte stetig darauf zu. Drei Meilen vor dem Hafen wurde die Genua eingerollt und der Diesel[29] beendete die angenehme Ruhe einer Reise unter Segel. In der ACI-Marina war schnell eine Box gefunden und Eddie sicher vertäut[30]. Wasser in die Tanks und ab unter die Dusche. Letzteres war allerdings ein sinnloses Unterfangen, weil brütende Hitze bei allen sofort wieder zu Schweißausbrüchen führte. Inge, Gerti und Willi machten sich über die Zubereitung eines herzhaften Salates her, Gerald und Maria verschwanden in der Hitze, um frisches Gemüse einzukaufen. In Willi bohrte es: noch elf Stunden. So lange ohne dumme Meldung würde er nie aushalten. Also begann er zu testen, wie weit er gehen könnte und sein dummes Mundwerk ratterte los. Patsch – nach kurzer Zeit übers Ziel hinaus.

Zuerst hatte Willi bemängelt, dass 24 Stunden ohnehin nicht stimmen können, da er einige Bekannte habe, welche nach 24 Stunden schon wieder auf einer anderen Blüte sitzen. „Aso is des", sagte Gerti, „das findest wohl auch erstrebenswert? Wir Frauen sind für euch Männer ohnehin nur Jagdbeute." „Aber nein", bemühte sich Willi um Schadensbegrenzung und begann eifrig, die aus den Kästen und Schapps geräumten Zutaten zu sortieren. Da waren in Olivenöl eingelegte, getrocknete Tomaten, feiner Schafkäse, Antipasti in allen Variationen und, und, und … Um das Gesprächsthema zu ändern, begann er Inges Weitblick bei den Einkäufen zu loben und die außerordentliche kulinarische Steigerung zum Vorjahr herauszustreichen. Was Willi allerdings dabei übersehen hatte, war, dass Gerti im vergangenen Jahr für diese

Einkäufe zuständig war und sie – völlig unschuldig da erstmalig an Bord einer Jacht – natürlich nicht wusste, was alles mitzunehmen war. „Du hättest mir ja sagen können, was i im letzten Jahr alles einkaufen hätt sollen", fuhr sie Willi an, „dann hättest nicht so elendiglich darben müssen." Und weil sie dabei schon richtig zornig klang, gab Willi zurück: „Ich sag nur Brandsalbe, Frau Apothekenbeauftragte 2007". Angriff ist scheinbar nicht immer die beste Verteidigung.

All die Harmonie der letzten Tage, die zärtlichen Blicke, die Poposwingtänze, Orangen- und Ananasröhrchen. Alles war mit einem Schlag zerborsten. Und Gerti holte aus, sie vernichtete allein mit ihrem Blick gnadenlos sämtliches Selbstbewusstsein, welches sich Willi mühselig aufgebaut hatte. Sie spielte ihre Rolle in diesem Kabarett derart überzeugend, Willi war sich eigentlich gar nicht mehr sicher, ob er in der Realität oder doch im falschen Film war.

Überraschend für Willi war es jedenfalls, dass ihn Gertis Reaktion wirklich tief traf und er erkannte, dass ihm dieses scherzhafte Rollenspiel tatsächlich etwas mehr bedeutete. „Help", donnerte es durch seinen Kopf, „bloß nicht!" Eine Stunde später war wieder alles beim Alten. Willi hatte sich selbst im Griff und wie Gerti umgeschwenkt hatte, hatte er nicht einmal bemerkt. Sie wanderten gemeinsam durch die Stadt und beim Klettern auf eine steile Leiter zu einer unsympathischen Turmbar hätte er ihr bedenkenlos unter das Kleid schauen können – was er aber trotz frecher Vorankündigung nicht tat. Seine gute Erziehung tat ihm manchmal richtig weh.

Korcula ist ein wunderschönes, mittelalterliches Städtchen, welches sogar von sich behauptet, dass Marco Polo hier geboren wurde. Auf einem Hügel direkt am Meer errichtet, streicht durch seine Altstadtgassen selbst in der größten Hitze noch immer ein wenig frischer Wind und der Landgang tat gut. Leider schoben sich Touristenmassen durch die viel zu kleine Stadt und auch die Gastronomie ist mittlerweile voll auf die Gäste aus aller Welt eingerichtet – die Preise sind teilweise unverschämt. Trotz bester Absicht konnte sich die Crew auf kein Lokal zum Essen einigen und so schlenderten alle zurück zum Schiff. Aber selbst im Hafen war es am späten Nachmittag noch unerträglich schwül und der ursprüngliche Plan in der Marina Korcula zu übernachten wurde gerne abgeändert. Daher wurde Eddie um 20 Uhr wieder aus der Box gesteuert und sie dieselte mit ihrer wertvollen Fracht in eine Bucht an der Südseite der Insel.

Auch diese Bucht kannte Willi seit vielen Jahren, sie ist eine der wenigen Sandbuchten Kroatiens mit einem wunderschönen Badestrand, kristallklarem Wasser und abends normalerweise mit wenigen Besuchern. Der Nachteil dieser Bucht ist jedoch, dass sie nach Süden hin völlig offen ist und dadurch Wind und Wellen aus dieser Richtung ungehindert hineindrängen können. Der Wind hatte an diesem Abend zwar Pause, aber durch den recht starken Schirokko der letzten zwei Tage rollte noch immer eine kräftige Dünung heran und, die Eddie torkelte wie ein betrunkener Fußballfan, um die Ankerkette. Daher wurde Gertis Wunsch nach einer engeren und ruhigeren Bucht gern angenommen. Auf der Fahrt dorthin zuckten erste Blitze vom Himmel und Gewitterböen peitschten das Wasser auf.

Die ausgesuchte Bucht bot zwar ausreichend Schutz vor den Wellen, um jedoch eventuelle Gewitterstürme abzuwettern, musste eine Landfeste[31] am Ufer befestigt werden. Gerald und Willi brachten den Notanker aus und so wurde Eddie absolut gewittersicher vertäut. Was war das für ein Unterschied in Gertis Gesichtsausdrücken zwischen jenen in Korcula und jenen in der Ankerbucht bei aufziehendem

Gewitter. Jetzt war das Brrrrbrrrbrt spürbar, selbst wenn es nicht beim Schwimmen ausgestoßen wurde. Willi versuchte ihr die Angst vor dem Gewitter bestmöglich zu zerstreuen, während Inge ständig neue Horrorgeschichten auspackte. „Damals in Lignano, mitten in der Marina, hat ein Blitz in eine kleine Jacht eingeschlagen. Furchtbar, diese schrecklichen Brandwunden und dann das schreckliche Gewitter in Korfu, drei Schiffe haben sich in einer Bucht losgerissen und eines davon wurde nie wieder gesehen …" Irgendwie war Willi Inge dankbar dafür, jetzt aber bat er sie doch darum, in der Kombüse nach dem Rechten zu sehen.

Gerti dankte es ihm und er fühlte, der Fauxpas vom Nachmittag war endgültig verziehen. Das Abendessen bestand aus einem herzhaften Nudelgericht mit **Zucchinisauce** und aus der letzten Flasche Bordrotwein – besser hätten es Korculas Köche auch nicht hingekriegt. In der Zwischenzeit hatte sich das Gewitter verzogen und Gerti konnte sich in vollkommener Sicherheit zur Ruhe begeben. Trotzdem kam das „Gute Nacht John Boy" heute etwas zaghafter aus ihrer Koje – aber vielleicht hatte sie auch ein wenig ein schlechtes Gewissen wegen Korcula. „Blaues Cola?", Gerald war ein Männerversteher. Die Zwei saßen noch eine Zeit lang unter dem Bimini im Cockpit, die Stimmung nach dem Gewitter war zu schön, um schon in die Koje zu schlüpfen. Die beiden redeten auch nicht mehr viel miteinander, sie lauschten den Geräuschen in der Bucht und dem Rauschen der Brandung, welche bis zum Ankerplatz deutlich hörbar war.

Manchmal erhellte noch das Wetterleuchten, den sonst dunklen Meeresarm. Jedoch gewannen die Sterne am Himmel wieder die Oberhand und es wurden immer mehr. Bis das ganze Firmament übersät war mit blitzenden Diamanten. „Was haltest Du davon, morgen vor der Dämmerung auszulaufen?", fragte Gerald. „Ich hab noch keinen Sonnenaufgang am offenen Meer erlebt." „Von Herzen gern", antwortete Willi. Und er freute sich. Solche Ideen entstehen erst, wenn die Welt in Ordnung ist. Und das war sie jetzt.

EINE ÜBERFAHRT DER GEFÜHLE

Um halb fünf Uhr morgens holten Gerald und Willi die zwei Anker und die Landfeste ein. Lautlos trieb Eddie aus der Bucht und ganz leise, um die Mädels nicht zu wecken, zogen die Zwei an den Schoten um die Segel zu setzen. Tatsächlich reichte der Wind um Eddie ausreichend anzuschieben und Willi hatte schnell eine Kanne frischen Kaffee gebrüht und nach oben gereicht. Im Osten wurde es immer heller und ein Stern nach dem anderen verschwand am Himmel. „Jetzt geht's los", sagte Gerald, als der erste Sonnenstrahl über die Berge der Halbinsel Pjeljesak herüberblitzte.

Das Schauspiel war in der Tat fantastisch und gebannt starrten die beiden Segler auf das atemberaubende Naturschauspiel eines Sonnenaufganges nach einer Gewitternacht auf See. „Und es gibt so viele Leute, die meine Begeisterung für das Meer und das Segeln einfach nicht verstehen wollen", sagte Willi. „Das sind nur die, welche sich mit mit halben Luxus zufriedengeben", antwortete Gerald, „und alle jene, die glauben, dass Luxus etwas mit Geld zu tun hat."

Bevor die Sonne ganz heraußen war, konnte man in ihrem Farbenspiel kurz sogar das Gelb von Marias Badeanzug ausmachen - selbst wenn dieser sich mit seinem Inhalt nie so schnell bewegte wie Helios seine Feuerrosse in den Himmel trieb. Leider wurde mit dem Sonnenaufgang auch der letzte Funken Südwind ausgelöscht und Eddie musste, damit die Segel nicht im Wellengang schlugen, mit ihrem Motor die drei Grazien wachrütteln. „Warum habt ihr mich den nicht geweckt?" Inge war offenbar wirklich enttäuscht, Willi erklärte aber mit höchster Unschuldsmine, dass er niemals sich getrauen würde, an das Tor von so holden Damen zu klopfen. „Dann hätten wir die Gerti mitgeweckt und wieder hätt was nicht gepasst!" Gerald konnte heikle Situationen perfekt entschärfen! Kaum entdeckten die Grazien an Deck den frischen Kaffee ertönten die ersten fröhlichen Tagesthemen, kam auch wieder Freund Mistral, um zuzuhören und so konnte Eddie unter Großsegel und Genua nach dem kurzen Motorgerüttel wieder beinahe lautlos ihren Weg ziehen. Gerti war im Vergleich zum Vortag wie ausgewechselt. Erfrischend, mutig, keck tänzelte sie übers Deck und war vor Fröhlichkeit zum Anbeißen herzig. Willi warf somit Inges 24 Stundentheorie endgültig über Bord – wer kann denn so einem Stimmungskreisel alles recht machen. Er jedenfalls nicht. „Wohin fahren wir heute eigentlich?", fragte Maria. „Nach Vis", antwortete Willi. „Wies – Eibiswald?", Gerti erinnerte sich an den Bummelzug, mit dem sie in ihrer Volksschülerzeit in der Weststeiermark gefahren ist – TomTom war weiter ohne Empfang.

Der Mistral wurde immer stärker. Eddie schoss mit sieben bis acht Knoten Fahrt durch kleine Wellen und legte sich dabei flach auf die Seite. Aus der Kombüse hörte man diverse Sachen durcheinanderpurzeln, egal. Da die Überfahrt zum Tagesziel Vis wegen dem notwendigen Aufkreuzen sehr lange dauern würde, konnte Willi eine demokratische Entscheidung zu einer Zwischenstation in einer idyllischen Bucht an der Westseite Korculas herbeiführen. Selbst dorthin musste Eddie aufkreuzen und mit immer häufigeren Schlägen ging es in die weitläufige Bucht hinein. Gerti und Willi schienen wieder wie ein Herz und eine Seele zu sein, mit jedem Schlag[32] wechselte er den Steuerstand und gleichzeitig, fand gleichfalls Gerti einen Platz in seiner Nähe und so ging es hin und her und hin und her. „Des is ja eigentlich voll lustig", sagte Gerti und half bei den Manövern kräftig mit. Nachdem in der Bucht kein Wellengang die Eddie schaukelte, kam Gerti mit dem Winddruck und der Krängung gut zurecht und es machte allen an Bord tierischen Spaß, am Trimm der Segel mitzuarbeiten und die Geschwindigkeit zu genießen.

Selbst Maria drehte an den Winschen, als ob es auf einmal um Hundertstelsekunden ginge und die Segelmanöver hätten selbst auf großen Regatten eine hervorragende Figur gemacht. Viel zu schnell war der Ankerplatz erreicht, aber der menschliche Körper verlangt bekanntlich nicht nur nach Lust und Liebe, sondern, bei vernünftigem Umgang damit, auch nach ordentlichem Frühstück. „Brrrrbrrrrbrt!", zwitscherte Gerti an der Badeleiter. „Ruf nur! Ich bin da." Willi war wieder der Alte.

Die mittlere der Tri Luke[33], der drei Buchten lag herrlich in der Morgensonne und kristallklares Wasser lud zum Bad ein. Nach dem frühen Aufbruch wurde anständig relaxt. Ein frisches Müsli mit Joghurt und viel Obst lockten auch ein paar Wespen vom nahen Ufer und Willi bemühte sich sehr, Gerti vor schlimmen Stichen zu bewahren. „Do werd i jo liaba gstochn, so wia du mi do verteidigst", grinste sie, als sie bemerkte, dass Willi die Wespen selbst dort inbrünstig bekämpfte, wo eigentlich der knappe Bikini ausreichend Schutz gewähren sollte. „Und uns kann a ganzes Nest stechen, bevor der Skipper das überhaupt bemerkt", sagte Maria zu Inge. „Vielleicht sollten wir auch einmal so bös sein zu ihm wie Gerti gestern", antwortete Inge, „das scheint ja Wunder in der Männerwelt zu bewirken." „Trink a blaues Cola", schlug Gerald vor, „oder willst di von die Weiber einbuttern lassen?" Er hatte wohl bemerkt, wie Willi auf frischer Tat ertappt nach Luft japste.

Noch ein paar Stunden bis in die Mittagszeit war Eddie Tauchstation, Liegewiese, Kosmetiksalon und Biergarten gleichzeitig. Sie schien auf dem Wasser zu schweben, so klar war es hier. Die grünen Ufer spiegelten sich im blauen Meer, ein ganzer Fischschwarm kämpfte um einen halben Laib Weißbrot, schöner kann auch die Südsee nicht sein, da waren sich alle einig. Gegen Mittag wurde es aber richtig heiß, da die Bucht auch windgeschützt war und – für die Damen trotzdem viel zu früh – wurde der Anker wieder an Bord geholt.

Um Gerald weiter seesicher zu machen, übergab Willi ihm das Steuer, um die Eddie nach Vis zu segeln. Der Mistral zog aber alle Register und die ersten Reffs[34] mussten bald eingerollt werden. Herrliches Segeln in lauem, beständigem Wind, blauem Himmel, mit mäßigen Wellen, warmem Spritzwasser[35] etc. Segeln satt. Je weiter das Land jedoch hinter Eddies Heck zurückblieb und je höher die Wellen wurden, desto mehr verlor Gerti ihr Gefühl für Sicherheit und Willi sah ihr gleich an der Nasenspitze an, wie es um sie stand. Nun konnte er seine Stärken ausspielen und er zog alle Register. Er zeigte ihr die besten Plätze im Seegang, erklärte ihr anschaulich, warum nichts passieren kann, erzählte Geschichten aus dem Nähkästchen, die alle erstaunlicherweise gut ausgingen, und übernahm wieder das Ruder von Gerald, weil er merkte, dass sie seiner langjährigen Erfahrung mehr Vertrauen schenkte als Geralds zweifelsfrei ebenfalls ausreichenden Steuerkünsten.

Willi fuhr mit weniger Krängung,[36] er ließ die Segel etwas einreffen und fuhr die Wellen so sanft wie möglich an. Er bezeichnete diese Fahrweise als „Kuschelkurs", was von den Damen wohlwollend honoriert und in weiterer Folge immer dann verlangt wurde, wenn irgendwas aus der Kombüse zu holen war oder wenn sonst irgendwelche Tätigkeiten an Bord zu verrichten waren. Geschmeidig schnitt Eddie durch die Wellen und Gertis Gesicht, nahm langsam wieder Farbe an.

Tatsächlich konnte Willi Gerti soweit beruhigen, dass sie schlussendlich sogar Spaß am wilden Wellenritt empfand. Und, was ihm am meisten Freude bereitete, er spürte ihr Vertrauen zu ihm und er wusste, dass er dieses niemals aufs Spiel setzen würde. Das war es, was er in dieser Woche bei Gerti erreichen wollte. Nicht mehr. Ihm war bewusst, wie gern er sie hat und er fühlte gleichzeitig, dass auch sie ihn sehr mag.

Willi ist sonst ein nach außen hin eher oberflächlicher Mensch, welcher seine Umwelt nur sporadisch an sich heranlässt. Eine tiefer gehende Freundschaft hat er nur mit Maria, eine Beziehungskiste, die zwar nie wirklich aufgemacht wurde, die, aber wie der Frost in der Tundra permanent vorhanden ist. Er hat Maria wirklich gern, schätzt ihre Nähe und ihren Rat, treibt mit ihr gern seine Späße wie Pumuckl mit Meister Eder und beide haben in den dreißig Jahren ihrer Bekanntschaft noch niemals Zweifel an der Loyalität des jeweils anderen geübt. Eine Freundschaft mit Pausen, intensiveren Phasen, immer aufrichtig und mitunter obendrein recht praktisch (siehe Bekanntmachung mit Gerti). Viele solche Beziehungen zu anderen Menschen hat Willi sonst nicht, zu oft ist er enttäuscht worden.

Was Willi mit Gerti bei dieser Überfahrt nach Vis gelungen ist, ist ihm zu diesem Zeitpunkt fast genug. Er hatte ein Loch in ihren Panzer geschlagen, sie würde es ihm so schnell nicht mehr verschließen. Und er hatte die Situation nicht ausgenützt, es war ihm bewusst, dass auch sie das so empfand. Zufrieden stand er am Steuerrad, drehte bei Notwendigkeit ein wenig daran Hin und Her und seine Welt war vollkommen. Wie sein Namensvetter Willi Tegetthoff[37] nach der Versenkung, der „Re Italia" steuerte, er nun sein Schiff nach siegreicher Schlacht in den Gewässern vor Lissa, wie Vis zu k.u.k. Zeiten noch genannt wurde. Es war einer der absoluten Höhepunkte in Willis Leben und er träufelte jede Sekunde davon in seine Seele. Bei Bedarf wird er davon zehren.

„Ach wie schmecken rote Marlboros und blaue Colas köstlich!"

In weiten Schlägen zog Willi die Eddie ihrem Ziel entgegen. Da nach einer Wende die umliegenden Inseln natürlich immer aus einem anderen Winkel anzusehen waren, lies Willi seine Crew nach bestimmten Inseln suchen. Das fiel anfangs sogar Gerald schwer, aber bald fand sich auch Maria zurecht und der Spaß an diesem Spiel hatte sein Ende. Delfine zogen vorbei, ein paar spielten mit der Eddie und hüpften vor dem Bug hin und her, dass Willi unnötigerweise sogar Angst hatte, er würde welche rammen.

TOPFENNOCKERL UND ANKERSCHNUR

30 Meter Kette bis zum Anker auf sieben Meter Wassertiefe sollten bei mäßigem Wind reichen. Jedenfalls wurde Eddies ganze Kette rausgelassen, um genügend Sicherheit zu haben. Noch einen ordentlichen Schub Motorkraft nach achteraus und Eddie verneigte sich in Richtung Anker. Er hielt also. Willi stellte den Motor ab und eine Flasche Schnaps kreiste als Manöverschluck, um den schönen Segeltag abzuschließen. „60 Kuna!" Willi drehte sich um. In einem kleinen Motorboot stand eine fünfzigjährige Frau mit kurzen, blond gefärbten Haaren. „Mit oder ohne Gummi?", rief Willi zurück und hörte hinter sich die ganze Crew loslachen. „Nix lachen!", rief die Frau, obwohl auch sie grinsen musste. „Müssen zahlen Kurtaxe 12 Kuna pro Person hier!" Willi schickte Maria ums Geld. Gerald hielt sich vor dem Mast den Bauch vor Lachen und auch Inge konnte sich kaum zurückhalten. „Stimmt so", sagte Willi zur Blondine und gab ihr 70 Kuna. „Und Entschuldigung für den Witz, wir sind wegen des schönen Tages so gut aufgelegt". „Nix Problem", sagte die kroatische Brigitte Nielsen, „andere immer schimpfen, weil müssen zahlen. Mir lieber, wenn Leute lachen" und ihr kleiner Außenborder ratterte los.

„Brrrbrrrbrt!", Gerti war an der Badeleiter mit den Füßen im Wasser; Maria zog in der Bucht genüsslich (langsam) ihre Runden und Inge steckte mit ihrem schönsten Wolfiblick in der Kombüse alle vorhandenen Kabel in alle möglichen Steckdosen und probierte sämtliche Kombinationen am Schaltpult aus, um endlich „Akku wird geladen" auf ihr Handydisplay zu bekommen. „Jaja, die Liebe ist eine Himmelsmacht", sagte Willi und versuchte eifrig, Inge zu helfen. Ohne Landstrom[38] gab es aber leider keine 220 Volt, Willi wusste das, probierte aber trotzdem fleißig herum. Wunder gibt es bekanntlich immer wieder. In der Zwischenzeit waren Maria und Gerti an Bord und schnatterten fröhlich vor sich hin. Ein Schatten in Form einer fremden Jacht zog vor dem Salonfenster langsam auf der Suche nach einem Ankerplatz vorbei, Willi hörte ein paar fremdländische Stimmen rufen. Plötzlich tönte Marias Stimme durch den Niedergang: „Willi!!!, weißt du, wie lang unsere Schnur da vorne ist?" Willi verkrampfte es den Magen – sie wird damit doch wohl nicht die Ankerkette meinen. Da Gerald ebenfalls gerade in der Kombüse war, bat Willi ihn, doch einmal draußen nachzusehen. Er selbst konnte einfach nicht mehr, Maria fragte Gerald, wie lange die Schnur zum Anker ist. Er schwor sich, seinen Skipperkopf bei Tageslicht nicht mehr aus dem Niedergang in die Öffentlichkeit zu stecken. Inge, Gerald und Gerti versicherten ihm aber, dass die Leute auf der anderen Jacht das Wort Schnur offensichtlich noch nie gehört hatten und mit dessen Bedeutung mit Sicherheit nichts anzufangen wussten. Noch Stunden später schüttelten sich Willi und Gerald vor Lachen, es musste nur jemand Schnur, Faden, Zwirn oder 60 Kuna als Initialzündung sagen.

Tief in Eddies riesigem Kühlschrank befand sich seit dem Einkauf in Kastela ein grünes Plastiksackerl, auf dem das Wort „Sir" für Käse stand und, dessen Inhalt sich anfühlte wie Kinderknetmasse. Neugierig entschlossen sich Inge und Gerti die Probe aufs Exempel zu machen und wenn möglich daraus eine Topfenspeise zu kochen. Begeistert schaute Willi über ihre Schultern und durfte ein bereits angebissenes Stück Mars in einen mit Zahnstocher markierten Nockerl stecken. So gut war sein Verhältnis zu Inge und Gerti bereits. Und die Nockerl – sie waren ein Traum. Mit Kirschsoße von Dr. Oetker. Noch niemals hatte Willi auf einer Jacht Topfengrießnockerl bekommen und deshalb saß er mit besonderer Freude am Tisch und verdrückte so an die acht Stück. Nebenbei war es natürlich noch lustig, wie Marias Nockerl plötzlich eine braune Soße freigab und das Gespräch sofort zum Thema Katzenklos abdriftete. Aber nicht einmal das konnte den Nockerlgenuss trüben. Ein kräftiger Schluck Chardonnay rundete das einmalige Geschmackserlebnis ab. Willi wird den Dreihaubenköchinnen Inge und Gerti dafür ewig dankbar sein.

Als Belohnung für diesen schönen Tag brachte der Skipper seiner Crew ein Kartenspiel namens „Arschloch[39]" bei. Nach anfänglicher Skepsis, vor allem bei der weiblichen Crew, fand das Spiel bald regen Zuspruch und lange saß Willi als Minister neben seiner Präsidentin Gerti. Gerald entpuppte sich anfangs als „Langzeitarschloch", hatte aber plötzlich das Oberglück und wurde direkt zum Präsidenten. Ein Trick, der in der Realität sicher öfter vorkommt als im Spiel. Gerald freute sich so über diesen Hattrick, dass sein Gelächter und seine Freude über die ganze Bucht hör- und spürbar wurden.

Das Spiel erreichte erst kurz vor Mitternacht sein Ende, Skipper Willi würde für die nächste Zeit das (Spiel)Arschloch sein. Er wird damit umzugehen wissen.

Der letzte Drink des Abends wurde beim aufgehenden Beinahe– Vollmond getrunken, das rote Licht an Bord flackerte und leise glucksend schlugen kleine Wellen an Eddies GFK-Schale. Um Mitternacht kam Gerti mit Handtuch und Zahnbürste bewaffnet aus dem Salon aufgestiegen und schlängelte sich nach hinten zur Badeplattformdusche. Willi zog im Cockpit sitzend genüsslich an einer Zigarette, auch Gerald und Maria versuchten sich daneben mit Zigarillos aus Gertis Weihnachtsrestbeständen, welche sie vorausdenkend eingepackt hatte.

Hinten pritschelte der Duschschlauch und ... Willi bekam plötzlich keine Luft mehr. Da stand Gerti, nackt, wie Gott sie schuf mit ihrer makellosen Figur, ihren unglaublich langen Beinen und ihren wie aus Marmor gemeißelten Brüsten auf der Badeplattform[40] und duschte lasziv (unlasziv war mit dieser Minidusche eigentlich unmöglich) so ein wenig an sich herum. Zwischendurch nahm sie die Seife um sich gründlich von oben bis unten einzureiben und dann wieder den Duschkopf, welcher aufgrund des geringen Wasserdruckes überall nahe an den Körper gehalten werden musste. Und das im Vollmondlicht in einer traumhaften Bucht auf einer traumhaften Insel. War er plötzlich im Paradies?

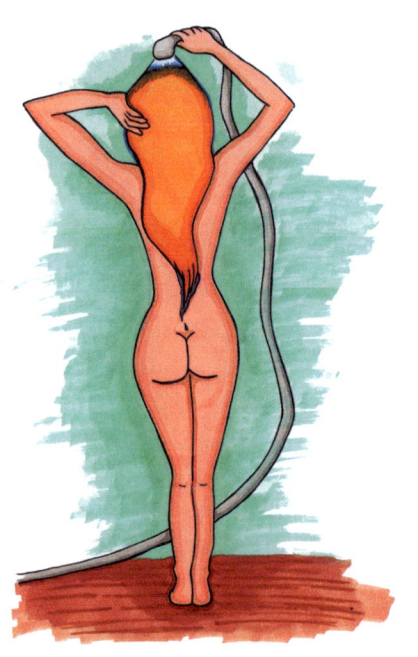

Willi schaute verstohlen nochmals kurz hin, versuchte sich dabei in aller gebotenen Eile jede Einzelheit zu merken und drehte sich dann anstandshalber um. Er verfluchte innerlich lauthals seine gute Erziehung - seine Kinder würden gottlob darunter nicht so leiden müssen!

Aber ebenfalls Gerald hatte auf einmal ein – für Willi jetzt eigentlich viel zu breites – Grinsen im Gesicht. Ansatzlos verwickelte ihn Willi in diverse Gespräche und legte Geralds lästigen Drehhals mit pausenlosen Zutrinken lahm. Was sich da im Heck der Eddie wusch, war nicht für andere bestimmt – nicht für Freunde. Gertis Multifunktionszahnbürste von der Firma Zöscher - mit sechs verschiedenen Aufsätzen und angeblich obendrein sagenhaft vielen Anwendungsmöglichkeiten - beendete surrend das Szenario, ein letzter heimlicher Blick ins Heck gab nur noch ein viel zu fest gewickeltes Handtuch preis.

„Gute Nacht John Boy!", „Gute Nacht Großvater!" – langsam spielt sich Routine im Bordleben ein und Willi war stolz auf sich und seine Crew. Nachdem alle in ihren Kojen schliefen, blieb er noch lange alleine auf der Cockpitbank liegen, im Schiff war alles ruhig und das Meer knisterte an Eddies Außenhaut. Das war eine Momentaufnahme, die Willi ganz besonders liebte. Er war jetzt Herr über seine kleine Welt, in welcher er selbst mit seinem Wirken Ordnung und Zufriedenheit geschaffen hatte. Keine Zwietracht trübte diese Stimmung und Eddie schaukelte ihn langsam in den Schlaf.

Im Traum erschien ihm Aphrodite, ihre ebenmäßige Haut strahlte im Mondlicht und es war ihm als hörte er eine kleine Dusche plätschern. Nachdem die wunderschöne Fee mit Gertis Stimme fragte, ob sie ihn nun einseifen solle, wurde Willi munter. Gerald stand vorn am Anker und Willi wurde schmerzlich klar, dass das Plätschern von Wasser auch von anderen Tätigkeiten als Duschen herrühren kann. Schnell versuchte er sich wieder in den Traum einzuloggen, aber dieser war unwiederbringlich weg. Fast war Willi böse auf Gerald, dann fiel ihm ein, dass vielleicht gerade Geralds Plätschern Aphrodite herbeigerufen hatte. Jedenfalls waren diese Gegensätze derart grotesk, dass Willi den Schlaf lieber mit Schäfchenzählen suchte. Vom nahen Ufer blökten ohnehin ein paar Hammel herüber.

HULA HULA ZWISCHEN VIS UND BRAC

„Brrrrbrrrrbrt!", tönte es wieder von der Badeleiter, es war ungetrübter Sonnenschein und aus der Kombüse duftete Kaffee. Diesen Vormittag wollte niemand schnell aufbrechen. Gerti machte Müsli mit frischen, saftigen Früchten und das Frühstück zog sich herrlich in die Länge. Willi hatte den Eindruck, als ob das Magistrat Graz seinen Schatten über die Eddie geworfen hätte, nach dem Abräumen des Frühstücks lag die Crew über das Deck verstreut wie dösende Falklandrobben an den Stränden des Südatlantiks. Sogar Eddie wollte nicht mehr weg.

Gegen Mittag bat Willi Gerald, die lange Schnur aufzuwickeln – die damit derart schwer beleidigte Ankerwinsch[41] machte aber keine Anstalten mehr, sich auch nur einen Millimeter zu bewegen. Ein kurzer Check ergab, dass es wohl an der Sicherung liegen musste. Doch wo war die zu finden? Willi kramte die Bootsbeschreibungen durch und fand die französischsprachigen Schaltpläne. Es konnte nur keiner französisch an Bord, also musste der Schraubenzieher her und die zwei Männer begannen fluchend zu schrauben.

Die weiblichen Robben dösten weiter über ihren bereits abgegriffenen Modezeitschriften, während Gerald und Willi auf der Fehlersuche langsam das halbe Innenleben der Eddie auseinandernahmen. Irgendwann war der Sicherungsschalter in der Inge-Gerti-Kabine doch gefunden und die verschwitzen Männer hüpften wie Heuschrecken über die Reling. „Die Sicherungen am Anker sind durchgebrannt, wir müssen runtertauchen und neue einschrauben", erklärte Gerald. Irgendwie schaute nicht einmal Maria fragend, wie sie es sonst immer machte, wenn ihr etwas nicht gleich klar war. Willi war darüber etwas überrascht, dass sie sich über die

Technik einfach keine Gedanken machen wollte. Die Gelassenheit der Grazien in Bezug auf die nicht funktionierende Ankerwinsch hatte jedoch einen anderen, einen furchtbaren und schrecklichen Grund. Dazu aber später.

Wieder verging eine ganze Stunde, bevor Eddie ihre Nase in Richtung offenes Meer stecken durfte. Sie war die letzte Jacht in der Bucht, die das Reich der Blondine verlies, der Strand war schon gefüllt mit Badegästen und immer öfter schwammen Leute um die Eddie herum. Höchste Zeit also, Inges herrlichen Salat aufzuessen, sich bei der Ankerwinsch zu entschuldigen und die Kette einzuholen. „Schön war es da", sagte Inge zu Willi, „vielleicht können wir da ja wieder einmal vorbeisegeln. Ich war schon vor vielen Jahren hier und habe sehr schöne Erinnerungen an diesen Ort". „Erzähl!", sagte Gerti neugierig und die Crew rückte um Inge zusammen. Dann erzählte sie ein wenig aus ihrer Lebensgeschichte. Von der Jacht, die sie mit ihrem Mann besaß, von den gemeinsamen Törns und wo überall sie waren. Und sie erzählte auch von dem halben Jahr, in dem sie am Krankenbett ihres Mannes saß und wie sie darauf warten mussten, bis der Krebs ihn endgültig besiegt hatte. Das war zwar einige Jahre her, trotzdem standen den Mädels Tränen in den Augen und selbst Gerald und Willi steckte der berühmte Knödel im Hals. „Mit euch hab ich die Freude am Segeln wieder gefunden", sagte Inge, „und dafür möchte ich euch danken. Ihr seid die besten Freunde, die man sich vorstellen kann!" Gerührt lies sie sich von allen in den Arm nehmen und drücken. „Es war nicht das letzte Mal, dass wir gemeinsam segeln", sagte Willi zu ihr. „Obwohl ich persönlich nichts von Pärchentörns halte, würde ich mich freuen, wenn auch dein Freund Wolfi einmal mitkommen könnte". „Wenn ich soweit bin", sagte Inge. „Momentan könnte ich es mir noch nicht so recht vorstellen. Aber mit eurer Hilfe könnte ich vielleicht auch das schaffen". „Wieso magst du keine Pärchentörns?", fragte Gerti neugierig. „Bist leicht selber schon eing ´fahren damit?" Willi erzählte daraufhin von einem Törn, zu dem er als Student eine Freundin mitgenommen hatte. Diese hatte jedoch die Härte, noch während des Törns die Kabine zu wechseln. „Könnt ihr euch vorstellen, wie schön der Rest meines Segelurlaubes war?" „Wieso hast sie denn nicht über Bord geworfen oder auf einer einsamen Insel ausgesetzt?", fragte Gerald, der daraufhin gleich von Gerti angeschnauzt wurde. „Ihr Männer seht´s die Welt immer nur schwarz–weiß. Vielleicht war ihr Willi mit seinem Skippergehabe einfach zu viel oder er hat derart geschnarcht, dass das arme Ding gar nicht anders konnte, als irgendwo um Quartier zu betteln?" Jetzt wurde es aber auch der Maria zu viel. „Gib a Ruh, Gerti. Ich kenn den Willi schon so lang und ich weiß, dass er ein paar Mal richtiges Pech mit unsereins hatte. Manche Frauen sind da wirklich brutal, wenn es darum geht, die eigenen Interessen durchzusetzen." Dankbar schaute Willi Maria an, er hatte keine Lust, diese Geschichte weiter zu diskutieren. „Stell dir vor Gerti", sagte er, „die Maria hätte einen Freund mit und der Rest von uns wäre solo da. Glaubst wirklich, wir hätten so viel Spaß miteinander? Oder könntet ihr den Gerald so mit Fragen quälen, wenn seine Freundin danebensitzen würde? Ständig müsste Rücksicht genommen werden und, die kreuz und quer Neckerei hätte, wohl ein Ende". Kalte Schauer jagten Willi über den Rücken, als er daran dachte, dass sogar Gerti auf die Idee kommen könnte, sich einen fremden Begleiter für den nächsten Törn auszusuchen. „Wenn schon Pärchentörns, dann ohne Singles", sagte er noch. „Aber auch dafür könnt ihr einen anderen Skipper suchen!" „I fahr nur mit dem Willi!" Maria schuf klare Fronten. „Und wenn i an Freund hab, bleibt der halt daheim. So was muss er schon aushalten. I versteh unsern Skippy, und wenn er nicht will, dass wir Partner mitnehmen, dann fahren wir eben ohne!" ,Die Frau ist mir nicht wurscht` dachte sich Willi und lächelte Maria an. „Lasst uns blaues Cola auf die

Vernunft trinken, Willi, auch ich bin bei Dir mit Deiner Meinung. Die Frauen sollen ihren Sexualtrieb zu Hause ausleben, hier am Meer will i stressfrei lustig sein!" „Wer da mehr triebg´steuert is, is mir net so klor! Was glaubst, warum i mi gestern so schnell fertiggeduscht hab und die letzte Safn erst in der Kabine runtergewischt hab?" fragte Gerti. „Ihr habt´s euch ja schon benommen wie zwei brünstige See-Elefanten." Grinsend schauten sich die zwei Bullen an. „Prost!"

Auch an diesem Tag war der Mistral wie ein Freund zur Stelle und Eddie jagte mit Rumpfgeschwindigkeit[42] auf die Inselgruppe von Sveti Klement zu. Gerti fürchtete sich nur noch ein kleines bisschen, Inge und Maria – sie war wieder in ihr unglaubliches Gelb gekleidet – saßen entspannt in Luv und freuten sich über den rauschenden Trip. Heute durfte Gerald steuern und er tat dies mit überschwänglicher Freude. Obwohl ein paar kleine Reffs angebracht gewesen wären, ließ er die ganzen Segel stehen und nahm die größere Krängung und das mühsamere Steuern in Kauf. Immer wieder jagte Gischt über die Eddie, an so heißen Tagen sind ein paar Spritzer Wasser jedoch mehr als willkommen.

Inge hatte sich heute ein durchscheinendes Tuch über ihren Badeanzug gewickelt, von diesem hingen aufgeschnürte Perlen an langen Ketten herab und umspielten ihre Beine im Rhythmus der Wellen. Willi befand sich ob dieses schönen Anblickes geistig bald irgendwo in der Südsee und zu Ukuleleklängen zogen tanzende Insulanerinnen an seinem inneren Auge vorbei.

Viel zu schnell war die Nordspitze von Hvar erreicht und als Tagesziel wurde Zlatni Rat – das sogenannte goldene Horn auf der Insel Brac – demokratisch ausgesucht. Zu diesem Ziel durfte Eddie sogar zeigen, dass sie gleichfalls unter Butterfly-Segelstellung an die acht Knoten segeln konnte und sie rauschte in ihrer Glitzerwelt, begleitet von der Stimme der unvergleichlichen Anna Netrebko aus den Bordlautsprechern, dahin. „Das Meer gleißt nur so", meldete Maria von ihrem Ausguck und war stolz, ebenfalls einmal eine richtige nautische Meldung abgeliefert zu haben.

Kurz vor Zlatni Rat wurden unter Gertis wirklich beherzter Hilfe die Segel geborgen und Eddie legte römisch-katholisch mit Mooring am Bug in Bol[43] an.

Inge entdeckte beim Wühlen nach blauen Colas, dass Eddies Kühlschrank schon 30 Zentimeter unter Wasser stand, dessen eigenartige Herkunft war jedem ein absolutes Rätsel. Erst viel später konnte rekonstruiert werden, dass jemand im Seegang den Wasserhahn am Waschbecken ein wenig geöffnet hatte und das Wasser wegen der permanenten Krängung über die Abdeckungen zum Kühlschrank floss und dort durch einen kleinen Spalt in das Innere gelangte. So ging kein Tropfen daneben und der Kühlschrank war sein kurzes Image als wundersamer Heilbrunnen wieder los.

Jedenfalls machten sich Gerti, Inge und Willi gleich daran, den liebevoll genannten „Kühli" vollständig zu entleeren, trockenzulegen und danach wieder neu zu befüllen. Diese Tätigkeit nahm einige Zeit in Anspruch und verbissen arbeiteten die Drei. „Weiß irgendwer, wo die Maria und der Gerald sind?", fragte Inge plötzlich fast sorgenvoll und Willi stieg hinauf ins Cockpit, um nachzusehen. Schon bald sah er ihren gelben Badeanzug mit der dazugehörigen Medusafrisur hinter einem großen Bierkrug aus einer Hafenkneipe leuchten. „Schau!", die haben offensichtlich ein Problem", sagte Maria zu Gerald, nachdem sie den Skipper winken sah und dieser trabte dabei schnell zur Eddie; immerhin war Maria auf Urlaub und nicht auf der Flucht.

Die Hafenkneipe wurde bald auch für die Restcrew gemütlich und bei großen Bieren und geschmackvollen Pizzastücken wurde der ursprüngliche Plan, gleich wieder auszulaufen, begraben. Außerdem waren einige Fetzenstanderln (Boutiquen) in der Nähe und übten magnetische Anziehungskräfte auf die Damen aus. Also wurde demokratisch ein Abend in Bol beschlossen und sogleich waren die Mädels in den Boutiquen verschwunden.

„Da war ich schon einmal", schnüffelnd erinnerte sich Gerald daran, selbst in dieser Stadt gewesen zu sein. Einzig der auf die Straße dringende Geruch eines finsteren Weinkellers ist ihm von damals in Erinnerung geblieben. „Das wird jetzt eh dauern, bis die Hasen durch alle Gschäftln durch sind", sagte Gerald, „komm, wir gehen in den Hafen und warten darauf, dass was passiert." Schnell war eine geeignete Bar mit Blick auf die Jachten gefunden und wie bestellt saßen zwei Frauen alleine an einem Tisch. „Wir sind nicht so schön wie Brad Pitt und nicht so stark wie Schwarzenegger", sagte Gerald zu ihnen, „aber wir können lecken wie die Lassie." Willi verkrampfte es den Magen, aber die Damen waren in Urlaubslaune und, fanden selbst diesen derben Scherz lustig genug um Gerald und Willi an ihren Tisch einzuladen. Gerald hatte offensichtlich wesentlich mehr drauf, wenn unsere Mädels nicht in der Nähe waren. Sofort wurden die zwei deutsch sprechenden Kroatinnen auf Cocktails eingeladen und es entstand eine überaus lustige Konversation und lautes Gelächter zog auch die Blicke der anderen Gäste auf die lustige Runde.

Mehrere Cocktails später trabten Inge, Maria und Gerti die Straße entlang und zeigten stolz ihre frisch eingekaufte Beute. Natürlich lobten Gerald und Willi den vorzüglichen Geschmack der ausgewählten Souvenirs in höchsten Tönen, sie wollten ja noch einen angenehmen Abend verbringen. Sichtlich enttäuscht verabschiedeten sich Ivana und Barbara und überließen den Crewdamen das Feld. „Euch kann man ja ka Sekund´n aus die Augn lassn", sagte Gerti, „schon habts die goldenen Bratpfannen herausn und ka Weib is mehr sicher vor eurer Balzerei!" War da was im Unterton? Willi war sich nicht ganz sicher. Ganz recht war Gerti die Situation nicht gewesen. Was Willi wiederum ganz recht war. „Captains Dinner", rief er, „kommt, ich lad euch heute zum Essen ein. Irgendeinen frischen Fisch werden wir in diesen vielen Restaurationen auch noch auftreiben können!" „Und wir kriagn do kan Cocktail? I hob schon verstandn", meckerte Gerti vor sich hin. Willi war zufrieden. Jetzt war der Unterton ganz deutlich hörbar. Bei mittelmäßigem Wein und mittelmäßiger Fischplatte zu einem mittelmäßigen Preis wurde die Crew der Eddie daran erinnert, in eine Touristenfalle getappt zu sein. Aber das Ambiente auf der Terrasse über dem Hafen war schön und der volle Mond stieg langsam über dem Bergrücken der Insel Hvar herauf. „Wow, ich will bei Vollmond segeln", sagte Inge und alle stimmten ihr begeistert zu. Es hatte sowieso keiner mehr Lust auf lärmende Touristen und es wurde beschlossen, in die Nacht hinaus auszulaufen.

EIN MITTERNACHTSTRAUM

Kurz vor Mitternacht wurde die Mooring[44] wieder dem Hafenbecken zurückgegeben und Eddie zog unter einer leichten Brise in Richtung Hvar. Wie in einer Zauberwelt lag das Meer im Mondlicht, eingekränzt von den bunten Lichtern der kleinen Dörfer an den Ufern der Inseln Brac und Hvar. Inge kramte aufgeregt in ihrer CD-Sammlung und bald vereinigte sich das Rauschen der Eddie mit einem wunderschönen Ave Maria. Willi hatte fast Tränen der Rührung in den Augen und ebenso alle anderen waren von der stimmungsvollen Nachtfahrt überwältigt. „Noch einmal dieses Lied", bestellte Gerald am Steuer und er vergaß dabei sogar völlig auf das obligatorische blaue Cola. „I geh oba liegn", sagte Gerti, „mi draht´s, bist du narrisch. Der Wein im Wirtshaus wor nit ohne!" „Man muss sie einfach gern haben", sagte sich Willi, und wenn es noch irgendwo Zweifel in ihm gab, dann waren sie spätestens jetzt ausgeräumt.

So sehr liebte er ihre Art, die Dinge auf den Punkt zu bringen. Er war zugleich ein wenig traurig, er wusste, dass sich solch überwältigende Gefühle in seinem Leben nur schwerlich wiederholen würden. „Ich hab jetzt einen ganzen Haufen von Problemen über Bord geworfen", sagte Gerald. „Wenn man eine solche Situation miterleben kann, wird einem bewusst, wie unwichtig so viele Dinge des Lebens sind und wie unbedeutend das dumme Gerede anderer Leute wirklich ist." „Also wirklich, da hört man ja die Romantik richtig knistern", sagte Maria. „Hach, es ist so schön, mit euch zu segeln! Fahrn wir nicht mehr zurück in die Marina, segeln wir gemeinsam um die Welt". Und trotz ganz verschleiertem Wolfiblick meldete Inge: „Ja, Skippy ruf an bei der Charterfirma und sag denen, dass wir jetzt ganz lange nicht mehr kommen mit ihrer Eddie!" Kurz vor Hvar wurde eine Halse gefahren und Eddie schwebte durchs glitzernde Zauberland nach Osten. Außer Gerti, welche scheinbar tief und fest schlief, wollte niemand in die Kojen gehen. Jeder wollte so viel wie nur möglich von der Magie dieser Nacht mitnehmen.

Irgendwann in der Nacht war der Wind aber völlig eingeschlafen und selbst der Mond war wieder hinter dem Horizont verschwunden. In fast totaler Finsternis steuerte Willi Eddie in eine einsame Bucht[45] an der Südseite von Brac, Inge und Gerald standen unten am Navigationstisch[46] vorm GPS-Kartenplotter und gaben die nötigen Kurskorrekturen nach oben durch. „Hart Steuerbord", rief Gerald, „Backbord 326 Grad", meldete gleichzeitig Inge, um gleich darauf mit Gerald zu diskutieren, wer denn nun mehr recht hätte. Willi hatte sich aber schon vorher die Tiefenlinien[47] in der Seekarte angeschaut und steuerte vorsichtig die zehn Meter Marke entlang. Maria, die er für die Tiefenmeldungen am Echolot eingeteilt hatte, meldete im Sekundentakt: „10.3 Meter, 10.7 Meter, 9.6 Meter ..." Willi ließ sie schmunzelnd gewähren, es war ihm wirklich wichtig, auch sie mal etwas Verantwortungsvolles tun zu lassen. Auf 7 ½ Meter Tiefe wurde um halb vier Uhr morgens der Anker im Schlick[48] eingegraben und Eddie hing wieder fest an ihrer Schnur. Gerti hatte von all dem kaum etwas mitbekommen, sie hatte in Bol von einem Wein getrunken, der nicht ohne war. Willi übernahm die Ankerwache, der Schwoiradius[49] in Richtung Ufer war möglicherweise doch etwas zum Aufpassen.

„Brrrrbrrrrbrt!" - sie war wieder munter. Gut beschützt von Willi hatte sie diesmal im Vorschiff ausgezeichnet geschlafen und war wieder fit. Inge und Gerti hatten Geralds Kajüte (ohne Gerald) in Beschlag genommen, in den hinteren Kabinen war es zum Schlafen zu zweit tatsächlich zu warm. Wie Motten ums Licht, so schwamm die gesamte Crew um die Eddie und damit waren die nächtlichen Strapazen wieder schnell vergessen. Der Tisch bog sich bald wieder unter einem Frühstück, Maria räumte dafür jedes Mal den halben Kühlschrank leer. „Geschmacksvielfalt ist mir beim Frühstück wichtig", erklärte sie selbstzufrieden und aß zum Müsli ein Spiegelei. „Sie ist gereift wie ein guter Wein", dachte sich Willi und lächelte ihr zu. Irgendwie war er jetzt sogar eifersüchtig auf einen neuen Freund, den sie gestern beim Abendessen erstmalig so beiläufig erwähnt hatte. Gerti bemerkte von alledem nichts, sie saß in ihrem kurzen Nachthemdchen gegenüber von Willi am Cockpittisch und versprühte Lebensfrische in ungeheuren Mengen. „Blaues Cola?", fragte Gerald. Dankbar nickte Willi. Eine derart überschwängliche Erotik in aller Früh musste machtvoll gebremst werden.

EIN FLAMINGO LÖSCHT SALATREZEPTE

Nach seiner Nachtschicht machte der Mistral Pause und so tuckerte Eddie am späten Vormittag vorbei am zauberhaften Ort Sumartin herum um die Ostspitze von Brac. Da es ohne Wind an Bord unerträglich heiß war, wurde demokratisch eine Bucht ausgesucht, in die Willi seit langer Zeit einmal hineinschauen wollte. Kaum dort angekommen waren Inge und Gerti wieder in der Kombüse verschwunden, um einen Thunfischsalat zu bereiten. Von all den großartigen Salaten in dieser Woche wurde dies der allergroßartigste und Inge verriet sogar bereitwillig das Rezept:

Man nehme Kraut, Tomaten, Paprika, Gurken, Maiskörner, Bohnen, Thunfisch, Oliven, Zwiebel in rauen Mengen, schneide alles in mundgerechte Stücke und vermische es mit genügend Olivenöl, Balsamico, Salz und Basilikum.

„Klingt eigentlich gar nicht so schwer", sagte Willi. „Hab ich schon selber in dieser Zusammensetzung versucht – nur irgendwie schmeckte es zu Hause bei Weitem nicht so gut". Gab es vielleicht doch noch ein Geheimnis bei den Zutaten, welches Inge nicht verraten hatte oder lag es einfach daran, dass sich das Leben für Willi in der Gegenwart von Gerti generell viel genussvoller gestaltete. Über diese Frage grübelnd sah er plötzlich eine Frau mit gelbem Badeanzug, welche auf blauen Flossen watschelnd das steinige Ufer entlangstolzierte. „Anmutig wie ein Flamingo mit Hühneraugen!", entschlüpfte es Willis Lippen - die Salatfrage wurde im Gelächter völlig vergessen. Da das Wasser in dieser Bucht wegen der Nähe zum Festland nun nicht mehr so sauber war und eine daneben liegende Motorjacht ihren Motor nicht abstellte wurde zum Aufbruch gedrängt. Zur großen Freude der Segler – zu denen sich mittlerweile auch Gerti stolz bekannte

– ist Freund Mistral wieder zurückgekehrt und trieb nicht nur Eddie zu Höchstleistungen, sondern verschaffte auch die nötige Kühlung an Deck.

Die letzte Etappe von Brac nach Split war wieder Segeln nach Willis Geschmack. Der Wind hatte am Nachmittag abermals seine alte Stärke von 4 bis 5 Boufort[50] erreicht und so hetzte Eddie auf der Kreuz zwischen Brac und dem Festland hin und her. Als es langsam Abend wurde, drehte der Wind ein wenig und Split konnte direkt angesteuert werden. Ein Geschenk der Götter, es war das perfekte Ende eines perfekten Törns. Ein traumhafter Sonnenuntergang und ein aufsteigender Vollmond im Heck ließen in jedem Crewmitglied den Wunsch wachsen, ganz einfach wieder umzudrehen und davonzusegeln. „Das hast heuer super hingekriegt Skippy", sagte Inge, „es war kein Fehler zu sehen. Sogar das Wetter war vom Feinsten". „Is jo a überhaupt ka Wunda, wer solche Engel wie uns mithat, bei dem passt sölbstverständlich a des Wetta!"

Gerti setzte sich, um die Bedeutung des nächsten Satzes zu unterstreichen, richtig auf: „Mit dem Skippy tät i allerdings a um Kap Hoorn segeln – das g´hört an der Stell gsogt!" „Danke Gerti, danke euch allen, ihr habt mir die schönste Segelwoche meines Lebens bereitet", sagte Willi sichtlich gerührt. „Mit euch würde ich überall auf der Welt hinfahren". „Echt? Das geht? Willi, i nimm mir unbezahlten Urlaub und dann fahren wir einfach um die Welt". Maria strahlte in ihrem Gedanken. „Im Magistrat brauchst di wahrscheinlich nicht einmal abmelden", sagte Gerald. „Dort fällt es sowieso nicht auf, wenn ein Beamter ein paar Jahre nicht da ist". „I hau dir gleich a Palette blaues Cola auf den Kopf", erwiderte Maria fast zornig. „Brauchst keine Angst haben", sagte Willi, „wir haben grad das Letzte ausgetrunken."

Willi wurde schwermütig, er fotografierte seine liebe Gerti einige Male und mit den Worten: „Es war mir eine besondere Ehre, mit euch zu segeln zu dürfen", bat er seine Crew um das letzte Segelmanöver dieses Törns. Die Tankstelle in Split wurde angelaufen um Eddies Dieseltank zu füllen und im Lichterglanz der Uferpromenaden wurden die letzten Meilen nach Kastela unter Motor zurückgelegt. Im Logbuch der Eddie waren am Ende dieser Woche 272 Seemeilen verzeichnet, 198 davon unter Segel.

Trotz einem hervorragend von den Mädels zubereitetem Abendessen wollte in der Marina keine rechte Stimmung mehr aufkommen und Gerti ließ ihren Frust an zwei Schweden aus, welche in ihrer Hör- und Sichtweite ungeniert ins Meer urinierten. Strafe musste her, Gertis Blick zu den vorbeigehenden Burschen war annähernd so vernichtend wie jener in Korcula. Aber an diesen wollte sich Willi wirklich nicht mehr erinnern. Müde sank die Crew nach den letzten Cocktails dieses Törns zwischen den bereits gepackten Reisetaschen nieder und nahezu traumlos wurde die letzte Nacht im Tiefschlaf auf der Eddie verbracht. Die Romantik, welche die ganze Reise wie ein Schirm über der Jacht aufgespannt war, verlor langsam ihren Zauber. Sogar der Vollmond blickte scheinbar traurig von seinem Firmament und ging in dieser Nacht unbewundert unter.

ABSCHIED VON DER EDDIE

Gegen halb neun Uhr morgens konnte nach erfolgreicher Schiffsrückgabe die Heimreise nach Österreich angetreten werden. Das Einpacken ins Auto ging schnell über die Bühne, waren doch nahezu alle Vorräte aufgebraucht oder ausgetrunken. „Wer war denn da alles zu Besuch?", fragte Gerti, „das gibt's doch nicht, i erinner mich noch genau an den riesigen Berg mit Wein und Bier, die ganzen Ginflaschen, die großen Essenskartons. Das is ja meterhoch hinterm Schiff gstanden, bevor wir das irgendwie verstauen konnten. Is des alles weg?" „Ja", sagte Willi, „man möchte gar nicht glauben, wie viel man auf einem Schiff bei guter Stimmung trinken kann, ohne davon betrunken zu werden. Oder ist euch irgendjemand aufgefallen, der in dieser Woche auch nur annäherungsweise die Kontrolle über sich verloren hätte?" „Ja – Du" schmunzelte Gerti, „du warst die ganze Woche out of control, wenn ich das so sagen darf". „Daran war allerdings nicht der Alkohol schuld", gab Willi zur Antwort und fast einen Augenblick zu lange schauten sich die Zwei tief in ihre lächelnden Augen.

Wieder war der Verkehr auf der Autobahn unerträglich und so ratterte Willis VW-Sharan gemütlich über Plitvice und Varasdin zurück nach Ptuj, wo von den Damen die bereits traditionelle Kaffeepause verlangt wurde. Gegen 18 Uhr war der Urlaub endgültig Geschichte und Gertis Domizil in Graz erreicht. Für Maria und Willi hatte Gerti dort noch ein Abendessen gekocht und in ihrem gemütlichen Garten wurde der Törn durchbesprochen. „Übern Gerald waß i gor nix noch ana Wochn segeln", resümierte Gerti und Willi empfand bedrückt, dass jetzt zugleich das endgültige Ende seiner einwöchigen Lovestory angebrochen war. Mit ein wenig Wehmut aber auch mit Dankbarkeit im Herzen fuhr nun auch er nach

Hause. In seinem Gepäck war ein Geschenk der Crew an den Skipper, ein Bordkochbuch, über welches er sich am letzten Abend richtig gefreut hatte. Ein ihm ebenfalls geschenktes „Verwöhn-Menü" war von ihm zwar sogar mit Dank bedacht worden, jedoch der glückliche Hund am Etikett ließ über den seltsamen Geschenkinhalt keine Fragen offen. Er hatte aber beschlossen, diesen Ausrutscher ersatzlos zu verzeihen.

„Gute Nacht John Boy", schrieb Gerti per SMS, als Willi daheim im Bett lag. „Gute Nacht Großvater", schrieb er zurück. „Ich hab dich lieb!"

DES SKIPPERS ALPTRAUM

Ein Monat nach diesem außergewöhnlichen Törn traf sich die Crew, um im Kärnten gemeinsam bei einer Almpartie, zünftigem Essen und Zirbenschnäpsen die Erinnerungen an die schöne Zeit auf See aufzufrischen, die Fotos auszutauschen und den nächsten Törn zu planen. „Nur noch elf Monate", sagte Maria, „die Zeit wird eh schnell vergehen." Im Magistrat tut sich in so kurzen Zeitspannen normalerweise nichts Gravierendes.

Gerald und Gerti hatten in der Zwischenzeit Eddies Bordmusik für alle auf CD gebrannt, Inge und Maria haben Fotos ausarbeiten lassen und verteilt und Willi rückte mit seiner „Lovestory" in Form eines kleinen, bebilderten Buches raus. Die Überraschung, einen Reisebericht derart gestaltet zu erhalten ließ anfangs sämtliche Münder offen stehen und selbst die sonst so gesprächigen Damen hielten einen Moment inne. Gespannt beobachtete Willi Gertis Gesicht und, wenn jetzt was darin zu lesen war, dann wechselte der Text im Sekundentakt. Von Erstaunen, Empörung, Freude, Dank, Verzweiflung, Zorn bis hin zur Ratlosigkeit war da zu lesen und sie kämpfte schwer damit, welches Gefühl sie nun zuerst nach außen kehren soll. Nach einigen Minuten erklärte sie dann diplomatisch: „I sog erst wos dazu, wenn i des olls durchgelesen hob", damit war die Spannung vorerst gebrochen und es konnte fröhlich weitergefeiert werden.

Bei mehreren köstlichen Reinanken, frisch gefangen aus dem Millstättersee und einem frischen Morillon aus der Südsteiermark kreisten die Gespräche über die Erlebnisse und die Erinnerungen sprudelten aus dem Gedächtnis.

„Das Wesentliche, was einen guten Skipper ausmacht, ist die Crew dazu zu bringen, alles gerne zu machen, was ihnen an Bord auferlegt wird". Willi kam sich vor wie ein Schuldirektor vor seiner ersten Klasse. „Und ihr habt immer das mit Freude gemacht, was ich gerade wollte. Ihr seid zu Unzeiten aufgestanden, habt in der Nacht ohne zu murren Ankermanöver gefahren, ständig war es sauber und aufgeräumt an Bord, ich hab die Kurse und die Tagesziele bestimmt und ihr hattet trotzdem nicht das Gefühl, unter irgendeinem Zwang zu stehen. So etwas bringt eben nur ein erfahrener, reifer und psychologisch hochgebildeter Skipper zuwege und ihr habt das Glück, mit einem solchen Wunderkapitän übers Meer fahren zu können". Willi freute sich. Eigentlich wollte er noch mehr Selbstlob loswerden, aber das würde er sich aufheben. Sein Selbstvertrauen war ohnehin auf dem Höchstpunkt angelangt.

Nur die Mädchen in der Schulklasse schauten nach diesen weisen Worten nicht bewundernd auf ihren ehrenwerten Direktor, eher machten sie Gesichter, als ob ihnen mit einem tollpatschigen Schulwart ein besonders hinterhältiger Streich gelungen wäre. „Erinnerst du dich daran, wie wir in Vis noch in der Sonne liegen wollten und du zum Aufbruch gedrängt hast?", fragte Inge Willi schmunzelnd. „Wie du mit Gerald das halbe Schiff auf der Suche nach dem Fehler bei der elektrischen Ankerwinsch zerlegt hast?" In Willi stieg eine furchtbare Ahnung auf, Inge hatte Erfahrung mit Jachten und deren Elektronik.

„Schmiert euch ruhig ein, es wird jetzt noch etwas dauern bis zum Auslaufen", dieser so beiläufig gesprochenen Satz von Inge zu Gerti und Maria in dem Moment, als Willi Gerald bat, den Anker einzuholen, holte jetzt Wochen später Willi wieder vom Skipperhimmel auf den Gastgartenkies zurück. „Im nächsten Jahr wird es keinen Kuschelkurs mehr geben, ihr furchtbaren Xantippen", presste er hervor. Als er aber sah, dass Gerti ihn wieder anlächelte, was sie nach Erhalt dieses Buches nicht wieder gemacht hatte, war alles vergessen und verziehen. Die Gespräche kreisten bis in die Morgenstunden, um das wunderbar Erlebte in Dalmatien.

DIE HOCHZEIT

Willi hatte schreckliches Kopfweh. Was für eine Nacht! Es war sechs Uhr morgens als er die Katastrophe entdeckte und nun kniete er mit Inge in der Plicht und beide kratzten mit Kaffeelöffeln das Wachs vom Teak. Seit dem Törn mit der Fetzeneddie war ein Jahr vergangen. Gerti hatte sich in Michael verliebt, verlobt und wollte unbedingt mit Willi als Skipper auf einer Segeljacht heiraten. Willi war einverstanden und organisierte alles Nötige. Da in internationalen Gewässern der Kapitän die Standeshohheit ausüben muss, kann er natürlich auch Trauungen vornehmen, Geburts- und Sterbeurkunden ausstellen und all das, was Standesbeamte in ihren langweiligen Büros auch machen. Es muss dann nur von einem richtigen Standesamt im nächsten Hafen bestätigt werden. Hoheitsgewässer enden zwölf Seemeilen vor der Küste, dann gibt es noch eine Anschlusszone mit 24 Seemeilen – um ganz sicher zu gehen, hat sich Willi für 30 Seemeilen Abstand zur kroatischen Küste entschieden, um das Paar auf hoher See in den Hafen der Ehe zu führen.

30 Seemeilen Abstand zur nächsten Küste sind kein Problem, wenn das Wetter schön ist. „Wehe es woggelt wenn i den Ring aufgesteckt kriag", hat Gerti schon Monate vor der Hochzeit verkündet. So wurde eine Woche Hochzeitstörn fast zu kurz, um die Zeremonie ohne woggln rechtlich einwandfrei durchführen zu können. Außerdem musste die ganze Crew Gerti fast mit Gewalt daran hindern, dass sie nicht zwei Tage vor der Vermählung ledig das Schiff verlassen und alleine zu Fuß nach Hause gegangen wäre.

Was war passiert? Es hatte alles so schön angefangen: Die Charterjacht wurde vor der Übernahme am Samstag auf die Hochzeit vorbereitet, die Bugkabine wurde als Honeymoonsuite eingerichtet. Blumengirlanden schmückten die ganze Kabine und auf dem Bett lag ein wunderschön geflochtenes Herz aus Rosen. Dieses wurde jeden Tag wieder frisch hingelegt und Gerti schwelgte im Glück vor so viel Romantik. Da ein wackelfreies Heiraten die ersten Tage wetterbedingt nicht möglich war, wurde anständig zwischen den Inseln gesegelt und jede Nacht vorsichtshalber ein Polterabend gefeiert. Man wusste ja nicht, was der nächste Tag bringt. So gingen die Tage dahin und am Mittwoch hat der Südwind ordentlich aufgedreht. Eddie kämpfte sich auf der Kreuz durch hohe Wellen. Willi hatte zwar innen alle Luken kontrolliert, ob sie auch dicht verschlossen sind, am Vorschiff hinter dem Ankerkasten war jedoch ein Stauraum für Segel und dessen unverschlossene Abdeckung hatte Willi übersehen. Da Eddie ihre Nase in jede Welle steckte, lief dieser Stauraum langsam mit Wasser voll. Danach lief das Wasser mit jeder Schiffsbewegung mit daumendickem Strahl durch eine Kabeldurchführung von oben in die Bugkabine. So bekam das Bett von Gerti und Michael alle paar Sekunden einen Liter Wasser ab, es rann in Kaskaden von den oberen Kästchen auf das Bett, löste dort das Rosenherz auf, legte Fotoapparat und Handy still und rann weiter in die Bilge. Erst als die automatische Bilgepumpe die Arbeit aufnahm, wurde das Feuchtgebiet entdeckt und die Verzweiflung groß. Die Braut brauchte ein umfangreiches, psychologisches Betreuerteam, um nicht sofort über die Reling zu springen und nach Hause zu schwimmen.

Ein Tag später war wieder alles in Ordnung, die Matratzen und das Bettzeug in Süßwasser gewaschen und trocken. Mit den Betten wurden auch die Tränen der weiblichen Hochzeitsgesellschaft wieder trocken und sogar der Fotoapparat lies sich wieder starten. Wie um alles wieder gutmachen zu wollen ließ Aeolus seinen Windsack die nächsten Tage zu und am Freitag konnte Willi mitten in der Adria seine liebe Gerti an ihren Michael binden. Diesmal flossen jedoch die

Freudentränen in Strömen. In seiner Ansprache verglich Willi blumig das Leben auf See mit dem Eheleben und wie effizient man doch Probleme lösen kann, wenn einfach keine Alternative möglich ist.

Die Rückfahrt zur Küste in eine sogenannte Traumbucht wurde von den aufgekratzten Brautjungfern Inge und Maria bei herrlichstem Wetter mit zahllosen Cocktails versüßt, wobei Willi mit Michael und Gerald zwischendurch auch etliche blaue Colas benötigten. Eigentlich waren es viele. Und ein paar Stamperln. Der Abend bestand aus purer Romantik, die Eddie wurde beflaggt und um das Schiff brachten 100 Schwimmkerzen die ganze Bucht zum Leuchten. Ein opulentes Hochzeitsessen und viele weitere Drinks ließen die Stimmung ins unermessliche steigen. Irgendwer schien auf die gute Idee gekommen zu sein, die Kerzen auch auf dem Schiffsdeck aufzustellen und die Kaffeelöffel waren nun die einzige Möglichkeit die Eddie vom Wachs zu befreien.

Schlussendlich war das Schiff sauber, die Köpfe wieder frei und mit ein paar Hundertern zur Versöhnung auch der Vercharterer beruhigt. Willi war zufrieden. Auch wenn ihn in diesem Hochzeitstörn Amors Pfeile nicht getroffen hatten, er hatte einen für ihn wunderschönen Teil seines Lebens zu einem fulminanten Ende gebracht. Und nun freut er sich auf den nächsten. Ihr Name ist Cony.

DIE ROUTE

Tag 1:   Marina Kastela - Hvar Stadt

Tag 2:   Hvar Stadt – Lastovo, Mrcara Südbucht – Mljet Pomena,
Bucht Lovka (SV Maria)

Tag 3:   Mljet Pomena – Mljet Prozura (Restaurant Marias Inn)

Tag 4:   Mljet Prozura – ACI Marina Korcula – Korcula Rasohatica
(Gewitterbucht)

Tag 5:   Korcula Rasohatica – Korcula Tri Luke – Vis Rukavac

Tag 6:   Vis Rucavac – Brac Bol

Nachttörn: Brac Bol – Brac Studena

Tag 7:   Brac Studena – Brac Povlja (Luka) – Split Tankstelle – Marina Kastela

DIE BESUCHTEN INSELN
(Quelle: Auszug aus Wikipedia)

Hvar

Die lang gestreckte Insel ist die viertgrößte der Adria-Inseln. Hvar hat eine Fläche von 297,37 km². Sie hat eine Länge von 67,5 km und eine maximale Breite von 10,6 km. Die Insel hat ein mildes Mittelmeerklima, die Mittelwerte liegen im Januar bei 8,4 °C, im Juli bei 24,8 °C.

Hvar war bereits in der Vorgeschichte besiedelt, wovon die Funde der bemalten Keramik in den die Höhlen Grapceva spilja und Pokrivenik zeugen. Später wurde die Insel von den Illyrern besiedelt, die zu Beginn des 4. Jahrhunderts v. Chr. mit den griechischen Kolonisten um die Vorherrschaft kämpften. Noch heute gibt es viele Hügelgräber aus der Illyrerzeit. Neben Korcula und Vis hatte auch Hvar griechische Siedler aufgenommen, es ist aber die einzige Insel mit einer ionischen Siedlung (Pharos, heute Stari Grad). Zur Zeit der römischillyrischen Kriege (229-228 gegen die illyrischen Königin Teuta) wuchs die Bedeutung Hvars, als seine Verwalter die Unabhängigkeit zu bewahren bemüht waren. Nach dem Untergang des Römischen Reiches kam Hvar mit ganz Dalmatien unter byzantinische Herrschaft. Im 7. Jahrhundert fiel die Insel an das Adelsgeschlecht der Neretljani vom Festland, mit deren Fürstentum es im 11. Jahrhundert zum Königreich Kroatien kam. In den folgenden Jahrhunderten erkannte Hvar zunächst die Souveränität der kroatisch-ungarischen Herrscher an, sodann die des bosnischen Königs Tvrtko, des Herzogs Hrvoje von Split und die der Republik Dubrovnik. Von 1278-1797 war Hvar mit einer Unterbrechung (ungarische Herrschaft 1358-1420) im Besitz der Republik Venedig. Nach dem Ende der Markus-Republik fiel die Insel zunächst an Österreich, gehörte 1808-1814 zu den illyrischen Provinzen des französischen Kaiserreichs und dann von 1814 an wie ganz Dalmatien für ein Jahrhundert zu Österreich. Nach dem Ersten Weltkrieg fiel Hvar mit Kroatien an Jugoslawien. Während des Zweiten Weltkrieges war es von italienischen Truppen besetzt. Seitdem gehört es zur jugoslawischen Teilrepublik bzw. seit 1991 zur unabhängigen Republik Kroatien.

Neben Tourismus und selbstversorgender Landwirtschaft bilden der Anbau von Lavendel und die Herstellung der daraus gewonnenen Produkte sowie die Kelterung von zum Teil herausragenden Weinen die Lebensgrundlage der Bevölkerung. Die berühmtesten Weine der Insel sind der fast schwarze Faros, der in sehr steilen Rieden auf der

Südseite der Insel aus der Rebe Mali Plavac gewonnen wird, der Ivan Dolac, ebenfalls ein sehr dunkler Rotwein aus der Mali-Plavac-Traube sowie der Bogdanuša, der an einen sehr trockenen Sherry erinnern kann. Der früher bedeutsame Fischfang spielt heute kaum mehr eine Rolle. Auf Hvar befinden sich zahlreiche Lavendel-Felder. Die Bewohner der Insel stellen daraus Lavendelöl und Lavendelkissen her.

Lastovo

Lastovo ist eine Insel südlich von Korčula in Kroatien. Unter der Tito-Regierung war sie für Touristen aus militärischen Gründen nicht zugänglich. Die Insel ist 9 km lang und 6 km breit und überwiegend gebirgig. Die höchste Erhebung der Insel liegt bei 417 Metern. Auf den Hängen der Insel werden Wein, Oliven und Obst angebaut.

Für Segler ist Lastovo eine attraktive Zwischenstation auf dem Weg zwischen Split und Dubrovnik. Ankermöglichkeiten und Festmachemöglichkeiten bestehen in den Buchten am westlichen Ende (Veli lago und Mali lago).

Mljet

Die Insel Mljet liegt in Kroatien vor der Küste Süddalmatiens, etwa 30 km nordwestlich von Dubrovnik. Die Insel hat eine Fläche von etwa 100 km². Mit einem Waldanteil von 90 Prozent ist sie eine der am stärksten bewaldeten Inseln im Mittelmeer.

Den westlichen Teil der Insel bildet der Nationalpark Mljet, der auch umliegendes Meeresgebiet umfasst. Politisch bildet die Insel Mljet heute eine Gemeinde in zahlreichen Siedlungen, die meist im Landesinnern liegen. Hauptort ist die Siedlung Babino Polje im Zentrum der Insel.

Die Insel wurde u.a. bereits in Homers Odyssee erwähnt; es soll sich um die Insel der Kalypso handeln. In späterer Zeit war die von Illyrern bewohnte Insel ein berüchtigtes Seeräubernest. Aus diesem Grund überfiel Augustus Mljet, ließ einen Teil der Bevölkerung in die Sklaverei oder auf die Ruderbänke führen, die übrige Bevölkerung töten und, die Insel fortan als Verbannungsort nutzen. Seit dem 6. Jahrhundert gehörte Mljet zum Byzantinischen Reich. 1151 wurden die Benediktiner aus Pulsano am Monte Gargano in Apulien Herren der Insel. Sie erbauten von 1187 bis 1198 die Kirche und das Kloster St. Marien auf der Insel im Großen See. Die Mönche legten einen Kanal vom See zum Meer an und Salzwasser drang ein. Damit war das größte Süßwasserreservoir der Insel vernichtet.

Bereits 1910 wurde ein großer Teil der Insel zum Naturschutzgebiet erklärt, 1958 ein Nationalpark eingerichtet.

Korcula

Die Insel hat eine Fläche von 279,03 Quadratkilometern. In der Länge werden 46,8 km gemessen und die Breite variiert zwischen 5,3 und 7,8 km. Mit 568 m ist Klupca die höchste Erhebung, gefolgt von Kom mit 510 m.

Der Sommertourismus auf Korcula hat schon eine lange Tradition und zieht Jahr für Jahr mehr Urlauber in seinen Bann. Das milde Klima und die gut gegliederte Küste werden immer beliebter bei den Urlaubern und die mediterrane Flora und der Bewuchs mit Kiefernwäldern tragen ebenfalls zum Wohlbefinden bei. Ansonsten leben die Bewohner der Insel vom Fischfang, Wein- und Olivenanbau.

Korcula hat eine der schönsten Altstädte Dalmatiens. Sie wird wegen ihres festungsähnlichen Aussehens gern als „Klein - Dubrovnik" bezeichnet. Hier kann bei einer Führung durch die Altstadt u. a. das (angebliche) Geburtshaus des Entdeckers und Seefahrers Marco Polo besichtigt werden. Die Kathedrale und die Schatzkammer der Abtei mit einer Gemäldesammlung und Beispielen antiker und mittelalterlicher Gegenstände sind ebenso einen Besuch wert.

Korcula war schon in frühester Zeit besiedelt. 1420 - 1797 wurde die Insel von Venedig verwaltet. Nach Venedigs Untergang hat Korcula die unterschiedlichster Verwalter und wurde im 19. Jahrhundert von den Neretjani erobert. In der Antike wurde die Insel wegen ihrer schwarzen Kiefernwälder gern als die „Schwarze Insel" bezeichnet.

Jahrhunderte lang wurde auf der Ostküste der Insel der berühmte weiße Marmor aus dem Steinbruch gehauen. Der Schiffbau spielte ebenfalls eine große Rolle für die Wirtschaft von Korcula.

Vis

Vis ist ist 90,3 km² groß (Länge 17 km, Breite bis 8 km). Sie liegt rund 60 km vom Festland entfernt und hat ca. 3500 Einwohner. Die größten Ortschaften sind Vis und Komiža. Gemeinsam mit ihrer kleineren Nebeninsel Biševo ist sie die am weitesten von der Küste des kroatischen Festalands entfernt liegende bewohnte Insel. Ein rund 18 km breiter Meeresarm trennt sie von Hvar, der nächsten Insel im Osten.

Diese strategisch günstige Lage war früher für das Militär interessant. Bis zum Zusammenbruch des Vielvölkerstaates Jugoslawien war die Insel militärisches Sperrgebiet und für Ausländer nicht zugänglich. Erst 1995 wurde die Insel wieder nach außen geöffnet, sodass der Tourismus erst sehr spät Einzug halten konnte. Die Bewohner leben neben dem Tourismus überwiegend vom Weinanbau und Fischfang.

Die höchste Erhebung ist der Berg Hum (587 m) nahe dem Ort Komiža. In der Nähe von Komiža liegt auch die sogenannte Tito-Höhle, aus der Tito 1944 den Widerstand gegen die deutsche Besatzungsmacht organisiert haben soll. Unter österreichischungarischer Herrschaft wurde der italienische Name der Insel, Lissa, verwendet. Bei Vis/Lissa haben im Laufe der Jahrhunderte mehrere Marinegefechte stattgefunden, zuletzt die Seeschlacht von Lissa im Jahr 1866.

Brac

Brac ist die drittgrößte adriatische Insel. Sie hat eine Oberfläche von 394,41 Quadratkilometern. Das Vid-Gebirge ist 778 m hoch und damit der höchste Gipfel aller Inseln der Adria.

Die Landschaft ist bestimmt durch karstigen Kalkstein mit Tälern, Schluchten und einige Buchten. Die größte Menge an Niederschlägen gibt es auf der Insel im Winter. Der Wind übt gleichfalls einen großen Einfluss auf das Klima aus.

Die größten und auch bekanntesten Orte der Insel sind Puciscà, Supetar, Bol, Sumartin, Milna, Postire und Sutivan. Die Landwirtschaft bringt mit Wein, Öl und verschiedenen Früchten begehrte Produkte hervor. Die Fischerei hat auf der Insel ebenfalls einen hohen Stellenwert. Immer mehr widmen sich die Bewohner auch dem Tourismus.

Nicht zuletzt ist die Insel durch den berühmten Stein von Brac bekannt, der hier in den Steinbrüchen von Pucisca und Postire abgebaut wird. Gebäude in aller Welt, z. B. das „Weiße Haus in Washington, wurden mit dem weißen Kalkstein erbaut. Bereits in der Neolithik war die Insel bewohnt. Die Illyren warten die ersten bekannten Bewohner. Brattia war der antike Name der Insel. Anfang des Mittelalters stand die Insel unter byzantinischer Macht, im 9. Jahrhundert wurde sie von den slawischen Neretljani erobert und seitdem Teil des kroatischen Staates.

Nach dem Fall von Venedig im 16. Jahrhundert gelang Brac unter die Macht Österreichs und wurde nach 1806 zur Basis der russischen Flotte für die Nordadria, fiel jedoch bis 1918 wieder an Österreich.

STICHWORTVERZEICHNIS

²² homerisches
Gelächter: Anlass dazu war der Gott Hephaistos. Er
                  hatte seine Gattin Aphrodite, die ihn mit
                  Ares betrog, zusammen mit diesem in
                  einem Netz gefangen, das er über seinem
                  Ehebett angebracht hatte. Dann rief er die
                  übrigen Götter dazu, diese brachen aber
                  nur in Gelächter aus
²³ Pier: Hafenbefestigung zum Anlegen von
                  Schiffen
²⁴ Bikinioberteil: manchmal völlig überflüssiges
                  Kleidungsstück
²⁵ Genua: bauchiges Vorsegel
²⁶ Aufkreuzen: gegen den Wind segeln
²⁷ von achtern: von hinten, ärschlings
²⁸ Plicht: Innenbereich an Deck, auch Cockpit
                  genannt
²⁹ Diesel: Bezeichnung für Schiffsmotor
³⁰ Vertäuen: Das Schiff mit Tauen (Seilen) im Hafen
                  befestigen
³¹ Landfeste: Ein vor Anker liegendes Schiff wird mittels
                  einer langen Leine mit dem Land verbun
                  den, um sich nicht zu sehr um den Anker
                  drehen (schwoien) zu können
³² Schlag: Segelstrecke zwischen zwei
                  Wendemanövern
³³ Tri Luke: empfehlenswerte Ankerbuchten
³⁴ Reff: nötige Verkleinerung der Segelfläche, wenn der
                  Wind stärker wird
³⁵ Spritzwasser: Bei schneller Fahrt über die Jacht spritzen
                  des Seewasser
³⁶ Krängung: Schräglage einer Jacht unter Winddruck
³⁷ Tegetthoff: k.k. Admiral. Vorbild aller österreichischen
                  Jachtskipper

[38] Landstrom:	Verbindung der Jacht mit dem Stromnetz im Hafen
[39] Arschloch:	Kartenspiel, Regeln beim Verfasser abrufbar
[40] Badeplattform:	Stehmöglichkeit im Heck der Jacht, von wo die Badeleiter ins Meer gelassen werden kann
[41] Ankerwinsch:	Elektromotor zum Einholen der Ankerkette
[42] Rumpfgeschwindigkeit:	Höchstgeschwindigkeit einer Jacht
[43] Bol:	Hafenstädtchen östlich von Zlatni Rat
[44] Mooring:	Befestigungsleine für die Jacht in Richtung Hafenbecken
[45] Studena:	Bucht westlich der Stadt Sumertan
[46] Navigationstisch:	Platz für Seekarten und Navigationsinstrumente im Salon
[47] Tiefenlinie:	in der Seekarte eingezeichnete Tiefenangaben
[48] Schlick:	Lehmartiger Ankergrund
[49] Schwoiradius:	Kreis um den Anker, den die Jacht aufgrund der Kettenlänge ziehen kann
[50] Boufort:	Skala für Windstärken von 0 (Flaute) bis 12 (Orkan)

Über den Autor

Wilhelm Bretis ist seit seiner Studentenzeit begeisterter Segler und vor allem im Mittelmeer mit seinen Crews unterwegs. Vor etlichen Jahren hat er sein Hobby auch zum Beruf gemacht und fertigt in seinem Unternehmen „MM Matratzen Manufaktur GmbH" die Flexima Bootsmatratzen nach eigenem Patent. Beruflich ist er viel auf Bootsmessen anzutreffen und mittlerweile in der Yachtszene bekannt wie ein „bunter Hund".

Sein Unternehmen hat sich erfolgreich am Markt positioniert und die Matratzen werden weltweit in vielen Schiffen verwendet – angefangen von der acht Meter Segelyacht bis hin zur 140 Meter Superyacht. Privat ist Wilhelm Bretis mit Cornelia verheiratet und hat drei Kinder.

WOHLBEFINDEN
IST MASSARBEIT!

Luxuriöser Schlafkomfort auch auf See – individuell
nach Ihren Wünschen und Bedürfnissen zugeschnitten.
Die innovative Matratze **mit metallfreien Federelementen.**
Made in Austria.

NAUTIC

**TEST
SIEGER
2012**
YACHT 23/2012

FLEXIMA®

feelthecomfort.at

SCHLAFEN
SIE SCHON ®
FLE⨯IMA?

Auf den innovativen Matratzen mit
metallfreien Federelementen für Zuhause

**EINMALIGES
FEDERUNGSSYSTEM**
auch ohne teuren Lattenrost

HEILTHERME
QUELLENHOTEL
BAD WALTERSDORF

offizieller Partnerbetrieb

Flexima Matratzen sind auch für zu Hause
die richtige Wahl. Punktelastisch gefedert,
metallfrei, gut durchlüftet und antialler-
gisch. Kompetente Schlafberatung und
kostenfreie Probewoche inklusive.

MATRATZEN
MANUFAKTUR

Framrach 51 I 9433 St. Andrä
Tel. 04358 28 482 I office@feelthecomfort.at

feelthecomfort.at